哲学書概説シリーズ Ⅸ

ホワイトヘッド『過程と実在』

――生命の躍動的前進を描く「有機体の哲学」――

山本 誠作 著

晃 洋 書 房

シリーズ刊行にあたり

このたび「哲学書概説シリーズ」を刊行することになりました。

先の見えない複雑な時代になればなるほど、ひとは考える営為を要し、判断力を養わなければなりません。今こそ哲学の名著を繙き、基礎的思考モデルを東西の叡智に学ぶときではありませんか。

この度の企画は、こうした時代的状況下にあって、改めて見通しの立て難い世界の下での人間の生きざまを顧慮しつつ、特に人生の岐路に立ち竦む若者たちのためになされました。

それぞれの哲学者たちの代表的名著について、これまでおのれの生涯をかけて研鑽してこられた諸先生方に、そうした若者たちに呼び掛ける力強い言葉をお願いしました。紡ぎ出された言葉は、やがて練り上げられあなた方の思惟を形作ることになるでしょう。

困難なこの時代を把握するための思惟の力が、ここに目覚めるに違いありません。

編集委員　木田　元
池田善昭
三島憲一

目次

凡例

ホワイトヘッドからの引用はすべて、ケンブリッジ版にもとづくA. N. Whitehead : *Process and Reality* の筆者による邦訳本『過程と実在』上、下（ホワイトヘッド著作集第十、十一巻、松籟社、一九八四年）からによる。

序章　ポスト・モダニズムの先駆的な試み

I

一．ホワイトヘッドの主張する「有機体の哲学」のうちに、われわれはいわゆるモダニズムを超克するような思想的試みを垣間見ることができるように思われる。それはどうしてであるかを明らかにすることから議論を始めてみたい。そのためには、モダニズムつまり近代主義ということで私がなにを念頭に思い浮かべているかを闡明にしなければならない。「近代主義の克服」という言い回しにおいて、「近代」は「現代」と区別された時代区分である。周知のように、西洋において近代は、中世社会が宗教改革とルネッサンスの二つの運動を通して崩壊にもたらされることによって、現れてくる。近代の特徴を一言でいえば、それは資本主義的市民社会という概念で捉えうるだろう、と私には思われる。

では、資本主義的市民社会の有り様は、いったい何であろうか。この問題に関して、われわれはアダム・スミスのいわゆる『国富論』のなかで委曲を尽くして論じられているのを、はっきり垣間見ることができる。彼によれば、資本主義社会においては、人びとは合理的な計算によって利潤を獲得すべく自らの利益を追求しさえすれば、国家権力の介入なしに、需要と供給がおのずから調整されて、利益の全体的調和としての国家の富が増進されるというのである。ここには、資本主義的市民社会を支える三つの原理であるところの、個人主義、楽観主義、そして合理主義が鮮明に打ち出されている。私見によれば、西洋における近代とは、これら三つの原理がさまざまな理由によって次第に揺らぎ、破綻をきたすプロセスとして理解できるのではないかと思う。

なるほど一方において、近代世界は産業革命の進展と相俟って、科学技術の進歩の歴史に貢献したことは確かである。しかし他方において、貧富の格差とか、富の生産と分配との、資本家と労働者との、生産と消費との、都市と農村との、さまざまな利益の対立と矛盾を生み出してきた。そしてこうした状況において、個人主義はむきだしの自利の追求としての孤立主義へと変質し、個と全体との楽観的な調和統一は、孤立主義と集団主義との対立へと変貌し、そして合理主義は、事物を主―客分離の立場で対象的に捉える表象主義の立場と、こうした立場にもとづく機械論的自然観ならびに世界観へと徹底されたのである。

私見によれば、近代を現代と分かつ分岐点は、一八四八年と見ることができないか、と思う。なぜなら、この年は一方において、スミス、マルサス、リカードと続くイギリスの古典派経済学理論を踏襲しながらそれを集大成するような仕方で、そこに現れてくるさまざまな内部矛盾を資本主義の枠内で解決できるとするジョン・S・ミルの『経済学原論』が出版されると共に、他方において、資本主義は階級的対立に引き裂かれ、やがて共産主義へと止揚されなければならないことを主張するマルクス・エンゲルスの『共産党宣言』が上梓されたからである。

筆者は現代と区分された近代を、大雑把に前述したような仕方で捉えてみたいと思う。そして近代主義を、資本主義的市民社会を特徴づける既述の三つの原理によって描くことができるのではないか、と考えている。したがって、近代主義の克服の試みは、これら三つの原理が、時代の経過につれて、いかに変貌し、どのように破綻をきたしていったかの道筋を跡づけることによって、おのずから浮き彫りにされうるのではないだろうか。しかしその前に、では資本主義的市民社会は、社会のどのような階層によって担われたのか、という問題が検討されなければならない。

二、既述のとおり、西洋において近代は、中世の自然経済にもとづく封建制度を伴った社会秩序が、ルネッサンスと宗教改革を通して崩壊に導かれることによって、現れてくる。中世においては、宗教的なものと世俗的なものとを区別した上で、前者の後者に対する優位にもとづいて両者を総合統一しようとしたのである。そこでは、信仰と理性、教会と国家、宗教と文化、教皇と君主とは、序列的に区別されながら結合された。理性は信仰の奴婢と呼ばれながら、両者は癒着していたのである。そこにまた、当時のキリスト教の形骸化堕落が胚胎していた。

それに対して、ルネッサンスは　ギリシャ・ラテンの古典文学への復帰として始まった。が、しかし同時に、古典への復帰が人間性、つまりヒューマニズムの実現であり、理性を信仰のくびきから解放することであり、そしてまた、天上的瞑想よりも現実世界を謳歌するという意味合いを持っていた。

他方、宗教改革もルターの主導した「ただ信仰によってのみ」というあの有名なスローガンによく示されているように、信仰を理性との結びつきから断ちきって純化し、キリスト教を宗俗の総合に由来する腐敗堕落から清めることにより、その原精神に復帰させようとする、もともと純粋に宗教的動機に発する運動であった。が、宗教改革こそが、多くの学者が指摘するように、その間接的結果として中世の総合社会を否定解体にもたらし、西洋世界を中世から近世へと移行せしめる原動力になったのである。

マックス・ウェーバーはその著『資本主義の精神とプロテスタンティズムの倫理』のなかで、合理的計算にもとづき利潤を利潤として追求しようとする資本主義の精神と、ルターの「万人祭司」のスローガンにはっきり窺い知られるように、職業は貴賤を問わず何であれ、神によってそこへと召命されたものと考え、それに専念することこそ神に奉仕し信仰を証しする道だ、とするプロテスタンティズムの倫理とが、本来水と油のように直接無媒介には相交わらないにもかかわらず、歴史上のある時期に、ある種の人びとに、つまり中小の生産者たちとか自営農民に、同時に現れるに至ったことを、委曲をつくして論じている。

ドイツにおいて、宗教改革はなるほど既に論じたように、中世の封建的な宗俗の総合社会を震撼せしめ、西欧歴史を中世から近世へと橋渡しする原動力となったけれども、その後、三〇年にもわたる宗教戦争のため、資本主義的市民社会が制度として定着するいわゆる近代化のプロセスは、イギリスとかフランスにおけるよりも大分遅れて現れてくるのである。この点に関して、当時で一番の先進国であるイギリスにおいては、いわゆる宗教改革という性格をもつ清教徒革命が十七世紀の半ばに二〇年にもわたって起こるのである。イギリスはこうした革命を通して近代化されてくるのであるが、この革命を担う中核的な階層はやはり都市における中小の生産者たちであり、そしてまた、農村における自営農民であった。資本主義的市民社会が制度として定着する近代化が、イギリスと比較してほぼ百年遅れて現れてくるフランスにおいても、革命を担った勢力については、イギリスにおいてと同工異曲であると言えるのである。

ところで、以上述べたような新興の勢力は、より貧しい階層を傘下におさめることによって、イギリスにおいてと同様フランスにおいても、商業資本家と結託した絶対王制に挑戦し、それを打倒することによって、資本主義的市民社会を制度として定着せしめ、社会を近代化させていくにあたって主導的役割を果たしたのである。彼らは、初めは「資本と労働」とを通して、職業は何であれ、神によってそこへと召命された神聖なものであり、それに精励することこそが信仰の証しであり、神に救われていることを確証する道だと考えることによって、次第に資本を蓄積していくのである。そしてやがて、資本主義的市民社会において、たんに経済の領域においてのみならず、政治とかその他の文化諸活動において主導権を発揮するに至り、とどのつまり、産業資本家として、歴史の桧舞台に登場してくるのである。

こうした産業資本家は一般にブルジョワ（bourgeois）と呼ばれるが、ここでbourgというフランス語は「市場の立つ大きな村」を意味する。それは英語ではborough（つまり自由都市）、ドイツ語ではBurg（つまり城）と同系統のことばである。言い換えると、ブルジョワといわれているのは、城壁に囲まれた、市場の立つ自由都市に住んでいる中小の生産者たちであり、自営農民のことである。彼らは市民革命において、社会の貧民層を糾合して、絶対王制と、そしてこうした政治勢力と結託して商業上の特権を掌中にして暴利をむさぼっていた一握りの商業資本家たちに挑戦していったわけである。が、ひとたび戦に勝利をおさめると、やがて時代の経過につれて、かつて味方であった貧民層を敵対視し弾圧するに至るのであり、その結果、両者の間に利害の対立が、ブルジョワとプロレタリアという形で、眼を蔽うことができないほどに顕著に露呈してくるのである。

三 新興のブルジョワが社会の前面に立ち現れてくる資本主義的市民社会は、先述したように、個人主義、楽観主義、合理主義という三つの原理に支えられていた。そして一八四八年において頂点に達する近代の歴史は、これらの原理が、さまざまな矛盾対立によって揺らいでくるプロセスであった。

以下、こうした事情を三つの原理に関して、順次検討していくことにしよう。

まず、個人主義について。新興ブルジョワジーのイデオローグであったアダム・スミスは、『国富論』のなかで、資本主義的経済活動の本質は、自利と自利との追求としての自由競争にあることを闡明にした。そこに個人主義がはっきり窺い知られる。しかしここで留意しなければならないのは、スミスが自利ということで念頭に思い浮かべているのは、他者を押しのけてまで自己の利益をがむしゃらに追求しようとする我利我利亡者ではない、ということである。スミスは経済学者であるより以前に、グラスゴー大学で教鞭をとっていた倫理学の教授であった。彼は『国富論』に先立つ一五年ほど前に、『道徳情操論』と題する倫理学書を出版している。そしてこの書物のなかで、彼は自利とか自愛を道徳の一般的規則にしたがって制御することによって成立する自制とか自助の徳について語っているのである。こうした事情を勘案すれば、資本主義的な貿易活動が自利の追求にあると彼が主張したからといって、ここでの自利は決してむき出しの利己主義が肯定されていることを意味するものではないことが、分かるであろう。

自利の追求ということでスミスが主張しようとするのは、実は、個々人をして経済活動へと駆り立てる動機が、社会公共の富の増進とか、他人への愛にあるのではなく、むしろ個々人の直接的な利益の追求にある、ということであったのである。したがって、彼によれば、資本主義的経済活動は、個々人が相互にこうした自らの直接的な利益を追求することを動機として成立する、有無相通ずる諸関係にほかならない。彼はこうした諸関係にはフェア・プレイの精神が支配していなければならないことを、しばしば指摘している。各人がフェア・プレイの精神に則って自利を追求しさえすれば、貨幣を媒介として物と物とを交換する経済諸関係が成立するのである。そしてそこでは、需要と供給との関係が自動調節機能を発揮することによって、国家権力の介入なしに、自利と自利との追求が全体的に調和して、国の富を確実に増大させることができるのである。スミスによれば、国家の役割は、各人の自利を追求する場を提供すれば足りるのであり、したがって、国家は夜警番であるべきだ、というのである。

このようにして、われわれはスミスにおいて、経済的なものが社会発展の基底におかれた原動力として、一つの纏りをもって秩序づけられた現象という形で自覚されてきたことを、はっきりと認めることができる。彼は自然現象には自然法則が支配しているのであり、しかもこうした自然法則には神の意志が働いていると考えるニュートンの驥尾に付して、経済現象には「自然的自由の秩序」が支配しており、しかもそこには、「見えざる手」が働いていることを指摘している。こうしたスミスの考え方の根底には、一方において、商業資本主義がそうであったように国家権力と結びついた保護貿易主義と、他方において、救貧法などに認められるように、国家の富とか財政で貧富の格差という社会における矛盾対立を救済しようとする社会主義とを、否定しようとする立場があることは、明らかである。

スミスが自利の追求を話題にするとき、この自利は利己主義を意味するものではなかったことは、既に述べた。利己主義というのは、人間が自己自身の殻のなかに閉じこもって、そこからすべてのものを見、判断し行為する、いわば自己内閉鎖的な孤立主義に外ならない。孤立に陥った人間は社会において、他者との結びつきを断ち切って、自己自身へと反転し、バラバラにただ一人であろうとする。しかも、こうした孤立した人間は、かえってそのゆえに精神的安定を欠き、情緒的な不安とか寂しさに常に襲われるのであり、遠くからくる過激な政治的宗教的アッピールに容易に煽動動員されて、集団主義的運動に駆り立てられる傾きがあることは、多くの社会心理学者の指摘を俟つまでもない。筆者はここで、社会とか人間を考察するにあたって重要な役割を果たす孤立主義―集団主義というパラダイムを抽出できるのではないか、と思う。

スミスが資本主義的市民社会において、個々人が自利を追求すれば、そこに見えざる手が働いて自利と自利との全体的調和が成立すると主張するとき、そこに個人主義と楽観主義とが混然一体となって働いていることは、明らかである。そしてここで留意すべき一事は、個人主義は孤立主義とはっきり区別されなければならぬ、ということである。スミスの個人主義は、先にも述べたように、人間が道徳の一般的規則にしたがって自愛とか自利を制御することによって成立する自制の原理にもとづいている。こうした自制の原理に立つことにおいて初めて、個人は真の意味において個人となる。そしてこうした諸個人による有無相通ずる貿易活動が、資本主義社会の経済諸関係を特徴づけるものとしてスミスの殊更強調する、フェア・プレイの精神に裏打ちされたものとなりうるのである。しかも、かかる個人はフェア・プレイの精神に裏打ちされているがゆえに、社会における他者との結びつきを離れてはありえないのであるから、ここでは、個人主義は共同体主義と一つに成立していることが、分かるのである。

社会と人間を考察するにあたって、二つのパラダイムが区別されるであろう。一つは個人主義と共同体主義との同時相即であり、今一つは、孤立主義と集団主義との対立である。私見によれば、アダム・スミスは前者のパラダイムに従って、資本主義的な経済諸関係のあり様を描きだしているのではなかろうか、と思う。しかし、時代の経過につれて、個人主義は孤立主義ないし利己主義へと変質していく。そこに貧富の格差とか、生産と消費との、資本家と労働者との、その他さまざまな矛盾が噴出してくる根本原因があるのである。スミスによって開拓されたイギリスの政治経済学の思想的伝統の後期層のうちに、経済現象を支配している「自然的自由の秩序」に依拠しようとしながらも、貧富の格差を国家財政で解決しようとする立法措置の必要性が「救貧法」という形で、主として社会主義者たちによって声高に叫ばれてきたり、またリカードやJ・S・ミルなどにとって、資本主義社会において富の生産と分配との問題に伏在する矛盾が最早眼を蔽うことができない程に顕著になってくるという事実が、指摘されているのである。

ところでミルは、資本主義的市民社会に現れてくるさまざまな矛盾は、結局のところ、資本主義の枠内で解決可能だ、ということを『経済学原論』のなかで述べている。しかしまた他方において、彼は『自由論』のなかで、資本主義社会が、政治的民主化とか教育の普及、メディアなどの情報伝達手段の発達、そして商工業の発展等により、人間の生活が平準化され画一化される結果、バラバラに孤立した平均人の寄り合い所帯である群衆に化す傾向がますます強まりつつあることを、先見の明をもって警告している。そしてこうした社会の群衆化に伴い、政治的独裁にとって替わって別種の形態のそれ、つまり「習慣の独裁」とか、多数意見とか世論の独裁が現れてくることを見通している。言い換えれば、ミルの見解では、資本主義的市民社会は、孤立主義と、独裁という形をとって現れてくる集団主義との二元に引き裂かれる危険を常に秘めているのである。

四　では最後に、資本主義的市民社会を特徴づける合理主義は、時代の経過につれて、どのように変貌していったであろうか。

西洋における近代化が、信仰のくびきからの理性の解放を謳うヒューマニズムの運動としてのルネッサンスによってもたらされたことは、既に述べた。ルネッサンスの目指す理性の解放、人間性の実現、現実世界の肯定という方向は、やがて十八世紀に現れてくる理性至上主義的な啓蒙主義において結実開花するに至るのである。こうした文脈においてわれわれは、マックス・ウェーバーの指摘を俟つまでもなく、西洋における近代化は合理化のプロセスであることを、はっきりと理解することができる。

資本主義が、それに先立つところの物々交換を主とする自然経済であれ、あるいはまた、国家権力と結託して経済的利権を掌中にしようとする保護貿易主義であれ、それらに比して極めて合理的であることは、資本主義的経済体制があくまでも利潤を利潤として合理的計算にもとづいて、個々人が自由に競争するところに成立するという事実に徴するまでもなく、明らかなことである。それはいわば経済的領域における合理化である。またウェーバーの指摘しているように、資本主義的市民社会にはっきりと認められる官僚的支配形態は、それに先立つ伝統的支配とかカリスマ的支配に比して、顕著に合理主義的であるのであり、政治の領域における合理化はこのような形で現れてくるのである。その他、資本主義的市民社会においては、文化百般にわたって、さまざまな種類の合理化が現れてくるのである。民主主義が多数意見の支配だということを喝破したのはロックであるが、ここでいう多数意見は、人びとが理性にもとづいて自由に討論することによって必ず成立してくるものであり、そこにこそ正義が宿っていると考えられたのである。しかし他方において、先にも述べたように、ミルは多数意見に、少数意見を無視し圧殺する独裁への傾向性を認めているが、このことは、資本主義社会が群衆化するプロセスと不可離に結びついた現象であるからである。われわれはロックからミルへと至るこうした考え方の推移のなかに、理性的なものが時代の経過につれていかに変貌していくかのあり様を、既に窺い知ることができるのである。

さて、合理主義を哲学の基軸に据えることによって、理性至上主義的な啓蒙主義の先駆になったのは、近代哲学の祖といわれるデカルトである。彼は周知のように、従来の哲学が陥りがちであった形而上学的迷妄から哲学を救出するため、すべての客観的知識を疑いという篩にかける、いわゆる方法的懐疑なる手続きから始めたのである。そしてその結論として、すべてのものは疑わしいとしても、現に疑っている自己が在るというのは、すべての疑いを絶した事実であるから、我疑う、故に我在り、という命題を得たのである。そして疑いというのは、思惟する働きの一変奏に外ならないのであるから、デカルトはもっと一般的にいって、我思惟す、故に我在り、という根本命題に到達したのであり、それを自らの哲学の基礎に据えたのである。

この根本命題が意味するのは、思惟する我が現にある、ということであり、デカルトはそれを精神という概念で捉えた。そして精神は実体とみなされ、それは思惟する、という属性をもつのである。彼はこうした実体としての精神の立場に立って、そこからすべてのものを導き出そうとする。たとえば、彼が差し当たってまず試みたことは、欺く神の概念を撤回するために、神をその存在証明を通して導き出すことであり、次いで、物体を、延長をもったものとして導き出すことであった。

デカルトによれば、神、精神、物体はすべて実体であり、そして実体とは、それが存在するために他のいかなるものをも必要としないものである。その上、ここで特に注意すべきことは、彼が精神と呼んでいるのは、思惟する我であるが、この我はしかしながら、肉体から切り離されている、ということである。なぜなら、肉体は延長をもった物体に外ならず、そして物体は精神と明確に区別される、それ自身で存在する実体なのだからである。このように考察してくると、彼が精神ということで思い描いていたのは、理性にほかならないことが分かるのである。デカルトは人間を理性的存在者として捉えたのである。そしてそれを哲学の基軸に据えて、つまり認識主観として措定して、そこから他のすべてのものを、それが存在するために他のいかなるものをも必要としないバラバラなものとして、つまり客観として導き出してきたのである。そこには主観—客観関係にもとづいてすべてを対象として表象しようとする、いわゆる近代的主観性の立場が、はっきり窺い知られるのである。

デカルトが物体の本質を延長を持ったものとして捉えたことは、先に述べた。延長というのは、縦、横、高さからなる容積のことである。物体は何であれ、その本質がこうした容積という空間的規定性をもったものとして捉えられたのである。このことは他面からいえば、物体は何であれ、人間的理性（知性）によって任意の諸部分に分割可能であり、そしてまた、こうして分割された諸部分を任意の仕方で再結合できるものとして、言い換えると、知性による自由な操作を許す死んだ物として、捉えられたことを意味するであろう。そこには、デカルト以前の物活論的自然観と区別される機械論的自然観、物体観が明確な形で垣間見られるのである。

要するに、デカルト的世界は、神、精神、物体という諸実体から成るのであり、これらの実体は相互に外的にしか関係しないバラバラのものであるから、そこには機械論的考え方が支配していることは、明らかである。

そしてまた、哲学の基軸に据えられた精神は思惟する我ではあるが、この我は肉体から切り離された、まことに抽象的のものである。デカルトはこした抽象的なものを、主観—客観関係においてある認識主観として措定したのである。カントにおいては、すべてのものを機械論的に「もの」として対象化しようとする、デカルト哲学に淵源するこうした近代的人間のあり様が、経験的で具体的な我と区別された、思考作用のすべてに伴うところの、純粋な働きとしての「われ思惟す」として、超越論的統覚という形で捉え直されてくる。

この超越論的統覚はフッサールにおいては、超越論的主観性という形に姿を変えて現れてくる。フッサールは、われわれが日常生活において世界のなかでいろいろな事物と関っている自然的態度と自然的世界とは、厳密な学としての哲学を構築するには不適のものとして、判断停止を通してそれらを括弧にくくるのであり、超越論的主観性はこうしたいわゆる現象学的還元を通して、導き出されてくるのである。

このように考察してくると、デカルトによって先鞭をつけられた思惟する我は、我といわれながら具体的に肉体をもって世界のなかで生きている我ではなく、とどのつまり、誰でもであると同時に誰でもでないような匿名的な我に外ならない。そして、人間をこういう仕方で認識主観として措定することによって初めて、すべてのものを死んだものとして客観視し対象的に表象しようとする機械論的自然観、物体観が成立しえたのである。厳密な学としての科学によるさまざまな知識は、こうした機械論的な考え方にもとづいて生まれてきたのである。今日われわれが多かれ少なかれ享受している科学技術は、こうした科学知識の産物に外ならない。

われわれが今検討している近代主義は、科学技術なしには成立しえなかったであろう。実に科学技術に担われた近代主義にこそ、歴史の進歩の方向がはっきり見てとれるのである。今日、この広い地球において、科学技術の恩恵に浴していない人を探し出すのは、至難なことであろう。

しかし他方において、近代主義を特色づける技術文明が、さまざまな問題を胚んだものとして立ち現れてきていることが、多くの人によって眼を覆うことができないような形で自覚されてきたのである。たとえば、科学技術の発達は都市化工業化という現象を随伴してきたのであるが、こうして現れてくる巨大な都市は、伝統的な村共同体を破壊すると同時に、都市における人間と人間との結びつきとか繋がりを断ち切って人びとをバラバラにし、社会の群衆化、大衆化に拍車をかけてきたのである。また工業の発達に伴う人工物の生産は、生きた一つの有機体的全体としての世界の生態系を撹乱し、とどのつまり、環境汚染、自然破壊に結果するのである。

大衆化された社会において、人間は先にも述べたように、孤立主義と集団主義の二元に引き裂かれる傾きをもっている。そこでは、人間は疎外されて、個性とか人格性を奪い取られて、「ひと」としてバラバラに孤立する。こうして「ひと」化された人間は常に情緒的不安定性に襲われて、不安とか寂しさとか倦怠感につきまとわれると同時に、他方において、遠くから来る過激な政治的宗教的アッピールに容易に煽動されて、集団主義的運動へと動員されるか、それとも、ミルが指摘するように、多数意見とか習慣の独裁の餌食になるか、あるいはまた、ハイデガーが喝破しているように、流行とか噂といった匿名の「ひと」の権威に盲従することになるであろう。

これら一連の現象は、しばしば人間疎外という言い回しで捉えられるが、われわれは人間疎外の根底に、実は、人間を誰でもであると共に誰でもでない匿名の認識主観として立て、そこからすべてのものを死んだものとして対象化しようとする、主観―客観関係にもとづく近代的主観性の立場があることを、はっきりと知る必要があると思われる。こうした立場は、近代的知性に立脚しているのであり、事物を知るにあたって、それを構成する諸要素に分析した上で、今度はこれらの要素を加減し自由に操作して事物を捉えようとするのである。ホワイトヘッドはこうした立場を、主語―述語＝実体―属性というカテゴリーにもとづいて成立する「科学的唯物論」と呼んでいる。近代主義を特色づける第三の原理としての合理主義は、時代の経過につれて、科学的唯物論へと変貌してきた、とわれわれは言うべきである。

五．ホワイトヘッドは、無機物、植物、動物そして人間を問わずなんであれ、経験の主体を actual entity という概念で捉えようとする。私は actual entity を現実的実質という訳語で、そして actual entityと互換的なactual occasionを現実的契機という訳語で置き換えてみたいと思う。ホワイトヘッドにおいては、現実的実質はなんであれ、一つの生きた有機体とみなされている。そしてこれらの有機体から成る世界もまた、一つの生きた全体としての有機体に外ならない。彼は自らの立場を「有機体の哲学」と称しているが、それは近代主義に挑戦し、それを克服しようとする、いわゆるポスト・モダニズムの試みとして描写できるのではないか、というのが私の趣旨である。今まで述べてきたように、個人主義、楽観主義、合理主義という三つの原理にもとづいて出発したモダニズムは、時代の経過につれて、破綻をきたした結果、個人主義は孤立主義に、個と全体との楽観的な調和としての楽観主義は孤立主義と集団主義との対立に、そして合理主義は科学的唯物論へとそれぞれ変貌し帰趨したのである。今日、ポスト・モダニズムにおいて思い描かれていることが、個が真に個に成ることが全体的秩序との調和統一において成立するということ、そして理性的思考がものを死んだものとしてではなく、全体との繋がりをもった生きた一つの有機体として捉えることであるとすれば、ホワイトヘッドの主張する形而上学的宇宙論は、まさしくこうしたポスト・モダニズムを先取りしている、と言って差し支えないと思われる。

ここで、ホワイトヘッドが依拠する有機体的自然観、世界観についてもう一つ指摘しておきたいことがある。こうした有機体的な考え方は、近世に先立つ中世において既に現れているのであるから、ホワイトヘッドの思考は歴史の歯車をたんに過去へと逆転する試みに外ならない、との反論が直ちになされると思われる。果たして、そうであろうか。

なるほど中世においては、人間をミクロ・コスモスとして、そしてこれらの人間から成る宇宙をマクロ・コスモスとして、すべてを有機体的にとらえようとする考え方があったことは、確かである。私も既に中世に支配的な物活論的な自然観に言及した。しかしポスト・モダニズムの一翼を担おうとする今日の有機体の哲学を中世のそれから根本的に区別する相違点があるのである。それは前者が近代主義の洗礼を経てきているという一事である。実際、ホワイトヘッドが有機体的自然観を強調したからといって、それは決して近代主義を特色づける機械論的自然観を否定排除する、二者択一的なあれかこれかという仕方で、提出されているのではない。そうではなく、ホワイトヘッドにおいては、有機体的自然観は、後述するように、情的理性と呼ばれるものにもとづいて成立するものと捉えられているのであるが、それはむしろ近代的知性にもとづく機械論的自然観がそこから導きだされ、そこへと帰っていくような、より根源的なのもとして捉えられているのである。

このように考察してくると、機械論的自然観は、より根源的で具体的な有機体的自然観から導き出される抽象物に外ならないことが、分かるのである。そして前者が、先に述べたように、さまざまな問題性に付き纏われているのは、それが抽象物であるにも拘わらず、そのことを忘れて、それがあたかも最も具体的で絶対的な立場であるかのように主張し振る舞い錯覚するところに、その根本の原因があるのである。ホワイトヘッドはこうした錯覚の立場を、「具体者置き違いの誤謬」にもとづく独断的窮極主義と呼んでいる。何であれ、諸悪の根源はこうした独断的窮極主義にあるのである。今日、機械論的自然観にもとづく科学技術に、そしてまた、こうした技術にたずさわる人びとに求められる緊急事は、こうした独断的窮極主義に陥らないよう自戒することではなかろうか。そしてそれを、より根源的な有機体的自然観との結びつきにおいて、捉えなおすことではなかろうか。

第一章　ホワイトヘッドの哲学体系における『過程と実在』の位置づけ

一．『過程と実在』の拙訳が松籟社から初めて出版されたのは、一九七九年であった。当時のわが国におけるホワイトヘッド哲学研究の状況は、ホワイトヘッドがその思索の独創性と包括性において同時代のバートランド・ラッセルに凌駕しこそすれ、決して遜色ないにもかかわらず、ラッセル哲学研究と比較して、まことに寥々たるものであった。その研究書に関して言えば、市井三郎の『ホワイトヘッドの哲学』（第三文明社）と、野田又夫の『哲学の三つの伝統』（筑摩書房）中に収録された「西田哲学とホワイトヘッド」、そして筆者の『ホワイトヘッドの宗教哲学』（行路社）などを僅かに数えうるにすぎなかった。しかしその後、事情はほぼ一変したといっても過言ではないであろう。こうした事情の変化に預かって力があったのは、まず第一に、松籟社による『ホワイトヘッド著作集』全一五巻の刊行であり、第二に「日本ホワイトヘッド＝プロセス学会」の結成である。当学会は、その発足以来、三〇年の年月を重ねてきたのであり、その三〇周年を祝賀するセミ・インターナショナルな記念大会が二〇〇八年一〇月に公立青森大学で、国内外の学者を集めて開催されたところである。これら特筆大書すべき出来事に触発されて、さしも難解なホワトヘッドの形而上学的宇宙論も、初期の数学思想ならびに中期の科学哲学思想との関連において、徐々にしかも確実に、解明が進められつつあるといってよいであろう。因みに、前記の学会の学会誌「プロセス思想」は多くの真摯な研究を満載して隔年に出版されており、そしてホワイトヘッド研究書も田中裕『ホワイトヘッド』(講談社)、延原時行『ホワイトヘッドと西田哲学の〈あいだ〉』(法蔵館)などが上梓されて、ホワイトヘッド理解に寄与貢献している。

二 ホワイトヘッドの学問的経歴をわれわれは、大体三期に分かつことができる。彼はケンブリッジのトリニティ・カレッジで、数学を修めた。彼の処女作『普遍代数論』は、一八九八年に出版されている。そして、この著作は彼が一九〇三年の王立協会の会員に選ばれる機縁になった、とホワイトヘッドは述懐している(*Science and Philosophy*, The Wisdom Library, 1948, p. 17)。同年、バートランド・ラッセルは、『数学の諸原理』を公刊した。これが第一巻であり、彼はそれに続く第二巻の出版をも意図していたが、ホワイトヘッドはこの第二巻が実際上、自分と同じ論題に関するものであることを発見し、両者は共同作業に着手したのである。最初、この共同作業は、一年かそこらの短期間で終わるはずであった。が、両人の学問的視野が拡大するにつれて作業が長びき、八、九年の歳月を費やして、ようやく記号論理学を体系づける不滅の金字塔である『数学言論』全三巻が産みだされたのである。ラッセルについて、「最初は私の学生として、次いで同僚ならびに友人として」関りをもったホワイトヘッドは、彼の頭脳の明晰さに賛辞を惜しまなかった。しかし、哲学的ならびに社会学的な根本的見方において、意見を異にするに至り、彼らの共同作業も自然に消滅したのである（*Ibid.*, p. 17）。

一九一〇年、ホワイトヘッドはケンブリッジ大学からロンドン大学に移り、そこで一四年の間、応用数学の教授として教鞭をとっている。これが彼の学問的経歴の第二期である。そしてその間、『自然認識の諸原理』、『自然という概念』、『相対性原理』を次々と上梓していった。この時期において、彼は主として、科学哲学に従事したのである。

第三期は、ホワイトヘッドにとってまったく予期せず、唐突に訪れた。彼は既に齢六十三になっており、ロンドン大学を定年退職していた。そんなときに、ハーヴァード大学から哲学科で教授として迎えるという招聘状が届いたのである。「私は六十三歳の一九二四年に、哲学科におけるハーヴァード大学の教授団に加わるようにと招聘される栄誉を受けとった」、と彼は書いている（*Ibid.*, p. 20）。その間の経緯を、ルシアン・プライスは、次のように、活き活きと描いている。「ハーヴァード大学への招聘は、一九二四年、完全な不意打ちの形でやって来た。戸外も室内も陰鬱なある日の午後、夫人が一通の手紙をかれに渡した。二人とも暖炉のそばに坐っていて、かれは手紙を読み、読み終わるとそれを夫人に渡した。彼女もそれを読んで、『どうなさいますか』と尋ねると、驚いたことに、かれは『何をさておいても、行きたいと思うよ』と答えたのである」(『ホワイトヘッドの対話』L・プライス編、岡田隆志訳、みすず書房、一九八〇年、一一ページ)。こうして彼は、思いがけず、定年退職後の余生を、彼が後日回想しているように(*Science and Philosophy*, p. 111)、国民のすべての階層のうちに他に類を見ないほどの底抜けの心暖まる善意と、「ギリシャとルネッサンスの偉大な時期を彷彿させる知識への情熱」をあわせもった北アメリカで過ごすことになったのである。しかも名門ハーヴァード大学で、数学のではなく、哲学の正教授として。

三 しかし数学から哲学への転換は、ホワイトヘッドの精神的遍歴において決して唐突なことではなく、むしろ必然的でさえあったと言っても過言ではないであろう。なるほど、彼はケンブリッジのトリニティ・カレッジにおける学生時代、数学の勉強に専念した。彼の受講した講義は、数学に関するものばかりだった。「しかし講義は、教育の一側面に過ぎなかった」(*Ibid.*, p. 13)。講義で得られない部分は、友人たち、大学の教官たちとの不断の会話によって補われたのである。「われわれはすべてのもの……政治、宗教、哲学、文学……を議論した」と、彼は述懐している。彼は後年、過ぎし日の、あらゆるグループの友人たちとの、いろいろな論題についての議論とか会話を回顧しながら、それはさながら「毎日のプラトン的対話の観を呈して」いた、と述べている(*Ibid.*, p. 14)。こうした経験が、彼に専門外の夥しい量の書籍を読破させる機縁ともなった。たとえば、彼は一八八五年、大学で特別研究生となった時分までには、カントの『純粋理性批判』の諸部分をほとんど諳んじるほどであった。こうして既にこの時期に、彼はハーヴァード大学に赴任して以来、次々に上梓していった諸著作を特徴づけるところの、数学、物理学、歴史学、社会学、宗教学、哲学等々の該博な知識を踏まえて、思弁的形而上学とそれにもとづく宇宙論を展開するという試みの素地が準備されていたのである。「私の哲学上の諸著作は、第一次大戦の末期に、ロンドンで始まった。ロンドンのアリストテレス協会は、議論の楽しい中心だった。そして親密な友情が形成された」、と彼は語っている（*Ibid.*, p. 20）。こうした思想的背景においてはじめて、われわれは彼の経歴の掉尾を飾る活発で多彩な、哲学史上でも特筆されるべき学問的活動を理解することができる。その成果は、まず『科学と近代世界』（一九二五年）となって現れ、次いで、『宗教とその形成』（一九二六年）、『象徴作用』（一九二七年）、『過程と実在』（一九二九年）、『観念の冒険』（一九三三年）そして『思考の諸様態』（一九三八年）といったように、ほとんど息つく暇もなく主要な諸著作の刊行となって、結実開花したのである。とりわけ、『過程と実在』は、最もむずかしいが、彼が「一番書きたかった」と述懐したといわれている書物である（『ホワイトヘッドの対話』一一ページ）。

四　『過程と実在』は、難解な書物であり、晦渋とさえいえる多くの章節を含んでいる。その要旨を簡単に述べてみよう。ホワイトヘッドは、宇宙を構成する最終的な事実を「現実的実質」とか「現実的契機」という概念でとらえている（『過程と実在』上、ホワイトヘッド著作集第十巻、山本誠作訳、松籟社、一九八四年、三〇ページ）。現実的実質は、それ自身の環境的世界――実在――のなかに置かれて、それによって限定されつつ、自らを限定する「過程」とみなされる。そしてこの過程は、被限定即能限定的に終息にもたらされると、「消滅」し、こんどは後続する現実的実質に与件として「客体化」される。客体化されるということは、後続する現実的実質にとっての環境的世界――実在――を構成するその最終的事実となることを意味する。そして、こうした「実在」は、こんどはこの後続する現実的実質の「過程」のなかに与件として受容されて働いていく。このように考察してくると、「過程」は「実在」となり、「実在」が「過程」となっていくことが分かるのである。『過程と実在』という書物の題名の意味は、多分そのように理解できるであろう。ホワイトヘッドは、*Science and Philosophy* と題する書物のなかで、「過程と実在」と題する短い論文を書いているが、そのなかで、この書物の趣旨に触れてこう述べている。「『過程と実在』のほとんどすべては、アリストテレスの生成の分析と同じレベルで、消滅を分析する試みとして読まれうる。過去の抱握の観念が意味するのは、過去は消滅する要素であり、それによって、超えでた状態における要素として残り、かくて客体化される、ということである」と（*Science and Philosophy*, p. 125）。

ホワイトヘッドはまた、同じ書物のなかで、「哲学は、言語の諸制約によって、宇宙の無限性を表現する試みである」と述べている（*Ibid.*, p. 21）。宇宙――世界といってもよい――は、前述したような「過程」と「実在」との絶えざる交替変化のうちにある現実的諸実質を通して、自らの秩序を形成しながら、不断の創造的前進のうちにある。それ自身過程である現実的実質は、さしあたってまず、それ自身の「世界」のうちに置かれていることは、先に述べた。しかしまた、この現実的実質が「世界」を自らのうちに受容しつつ、自己を限定し創造するかぎり、「世界」は当の現実的実質のうちにある、と言える。このように、現実的実質が、それ自身、「過程」でありながら、「実在」となり、「実在」がまた「過程」となるということは、それが「世界」に含まれつつ、「世界」を含むことに外ならない。こうして現実的諸実質は世界によって創られながら、世界を創っていく。世界、つまり宇宙は、因となり果となって生成流転している現実的諸実質を媒介にして、絶えず自からを形成していく有機体的全体である。そこには、宇宙と現実的諸実質との媒介し媒介される弁証法的諸関係がある。ホワイトヘッドの有機体の哲学が、形而上学的宇宙論という形で展開されている、といわれる理由がそこにある。

五．このような世界観においては、世界のうちのどれ一つをとっても、それだけで自存しているものはないであろう。どれもみな、他のすべてのものと関係をもっている。ホワイトヘッドは、こうした事態を「普遍的相対性」の概念で捉えている。デカルト的な実体観の否定が、そこから結果してくる。デカルト哲学の否認は、主体—客体関係を意識の場において知るものと知られるものとの関係と同定し、こうした意識の主体の立場から他のすべてのものを客体として対象化しようとする立場の否認である。ホワイトヘッドによれば、主体は、さしあたってまず、与件として与えられた客体を、彼方のものを此方へという仕方で、そのまま受容することから始まるのである。そしてこうした過程が終息すると、こんどはそれ自身が客体となるのである。したがって、主体—客体関係を、知るものと知られるものとの関係として固定的に考え、知るものは、外から与えられた多様な諸性質を甘受しつつ、それらを統一にもたらす自己同一的な基体としての実体であり、そして知られるものは、この知る主体によって知られたものとして、それ自身また、諸性質の多様を自らのうちに甘受し、それらを統一している実体であるとみなす立場は、しかも実体とは他の何ものとも関係しないで自存するものとみなす立場は、ホワイトヘッドの「有機体の哲学」においては、知識が最終的によってきたる源泉ではないのである。そこから、主体をたんに基体として実体視する主観主義的原理の否定が、導きだされてくる。ホワイトヘッドのおいては、主体は常に「主体—自己超越体」(subject-superject)としてのみ捉えられる。自己超越体とは、自らを越えでて後続者に客体化されるものにほかならない。

ホワイトヘッドによれば、どんなものであれ、それ自身存在するために他のいかなるものにも依存しない実体ではありえない。現実的実質は、現在における経験の直接的主体であるが、「過去」は記憶という形で、「未来」は予想という形で、それぞれ「現在」に内在している。こうした「現在」は、過去と未来とを区切るたんに抽象的な点として、来るは直ちに去るといわれているような「一瞬時」

（instant）ではなく、幅をもって生きられる時間である。ホワイトヘッドはこうした持続する「瞬間」（moment）を、エポック的時間論として描いている。現実的実質は、こうした瞬間において、それ自身の環境的世界によって限定されると同時に、自らを限定しながら、言い換えると、過去を記憶として保持し、未来を予想しながら、被限定即能限定的に「新しさ」を創造していく。そしてそれは、こうして創造した新しさを、それがそこから出てきた世界に付加し、貢献するのである。現実的実質が過去的世界から由来し、未来的世界へと移行していくかぎり、そこに「連続性」があるであろう。しかし他方において、それが持続する瞬間において新しさを創造し、「原子的個体性」を実現するかぎり、そこに「非連続性」があるであろう。現実的実質は、連続的であると同時に、非連続的である。現実的実質の持つこうした連続性と非連続性という相い反する諸性質は、物理的エネルギーの流れに認められる波動性と粒子性にそれぞれ対応している。ホワイトヘッドが、いわゆる無機物から始まって、植物、動物を経由し、人間さらには神をも含むすべてのものの経験の究極的単位を、一元論的に現実的実質なる概念で捉えようとする一半の理由が、そこにあるであろう。

六．現実的実質は、連続的時間的であると同時に、非連続的空間的である。それが連続的だというのは、それの置かれた過去的世界によってそのまま限定されるということである。そしてそれはその限りにおいて、「物的」と言える。けれども、現実的実質は、過去的世界によって限定されながら自らを限定することによって、そこに新しさを創造していく。そのかぎり、それは「心的」という性格をも意味している。現実的実質はどれもみな、物的と心的の両極性を具えている。

そしてここで特に注意すべき点は、現実的実質を自己形成的な「焦点的領域」として絶えず創造的に前進しつつある世界も、物的であると同時に、心的だということである。換言すれば、世界は移ろいゆく無常なものであると同時に、恒常的なものである。宇宙の心的かつ恒常的側面について、ホワイトヘッドはこう書いている。「恒常性と無常性についての私自身の見解に関して、私は、宇宙は心的かつ恒常的な側面をもっていると考える。この側面は、私が神の原初的本性と呼ぶあの根源的な概念的衝動である」（*Ibid*., p. 126）と。他方、この恒常的側面は、移ろいゆく無常な側面へと移行し、そこに内在するのである。世界のこうした無常な側面は神のうちに不死的に客体化されるのであるが、客体化される世界の神への反作用ないし結果が、神の結果的本性と呼ばれる。神もまた、他の有限な現実的実質と同じように、心的側面＝原初的本性と、物的側面＝結果的本性とを合わせもっている。しかし神は、他の有限な現実的実質と異なって、決して消滅せず、そのつど生成しつつある現実的実質と「同時的」に「生成の一致」においてある「永続的存在者」として、そこに内在するのである。そのことが、当該現実的実質が被限定即能限定的に自らを実現する「主体的指向」（subjective aim）がこうして内在する神から導きだされる機縁となるのである。ホワイトヘッドは、各現実的実質と世界と神との三者の密接な関係に、常に注意を喚起している。そして特に留意すべきことは、ホワイトヘッドの哲学体系において、神が現実的実質という概念で捉えられながら、他の有限な現実的実質の場合には、現実的実質なる用語は、「現実的契機」と同義であり互換的であるにもかかわらず、このことは神には妥当しない、ということである。

では、ホワイトヘッドにおいて、神はすなわち世界と考えられているのであろうか。彼は決して汎神論者ではない。神は先述した通り、心的であると同時に物的であり、こうした両側面を自らにおいて統合にもたらすそのつど――そしてこのことは、神という一つの現実的実質の統合過程の終息を意味する――、神は他の有限な現実的実質と異なって、決して消滅せず、自らを世界に与えてくる人格的存在者である。神はこうした人格的存在者として、世界にたいして、超越すると同時に内在するのである。しかも神は有限な現実的諸実質の活動との協同において、常に新しさへと進んでいく恒常的であると同時に変化し移ろいゆく宇宙秩序の、形成的要素として働いているのである。神と世界と各現実的実質とのこうしたダイナミックな関係は、「万有在神論的」として捉えられるように、私には思われる。

第二章　現実的実質とは何であろうか

一．現実的実質と、それと互換的な現実的契機という概念については、先立つ章節においてしばしば言及がなされている。ここで、これらの概念によってホワイトヘッドが何を念頭に思い描いていたかについて、改めて要約的に触れておくことが適切であろう。量子力学によれば、物はなんであれ、エネルギーの流れに還元されるのであり、そしてエネルギーは、最終的には、電子とか陽子といった素粒子から構成されているのである。ホワイトヘッドの現実的実質はもともとこうした物理学的領域からとりだされた概念であり、彼は想像力を通してそれを一般化して、無機物、植物、動物、人間、否、神に至るまで、それらすべての経験の主体として、一元的に適用しようとしている。こうした想像的一般化の手続きを彼は、「飛行機のフライト」に比擬している。そしてこう述べている。「発見の真実の方法は、飛行機の飛行のようなものである。それは特殊な観察の地盤から出発する。それは想像的一般化という希薄な空中を飛行する。そして合理的解釈によって強められ、改めて観察するため、再び着陸する」（『過程と実在』上、六ページ）と。無機物を含めて、これらすべてが、生きた経験の主体として働いているというのが、生命の哲学に依拠するホワイトヘッドの根源的な立場である。

通常、無機物、たとえば石なら石というのは、たんに因果法則に支配された、死んだものとみなされてきた。しかし、石といえども、たんに過去的なものによって因果的に限定されるのみならず、こうした限定をも越え出るような要素をもっているのである。つまり、石に関して、原因と結果とはリアリティにおいて同等ではない、ということである。それは、どうしてであろうか。今、この石をAとし、それを過去的に限定するものをBと表示するとしよう。AとBとの間には、因果法則によって支配された関係がある。ここで特に、注意すべきことは、こうした因果関係は、Bにとっては外的であるが、Aにとっては内的だということである。このことが何を意味するかといえば、この関係がBにとっては無記的である一方、Aにとってはまさしくその本質を構成している、ということである。さらにこのことは、AはBによる因果的限定を超え出てその支配から解放される、より以上のもの、つまり自由を含んでいる、ということを意味するのである。ホワイトヘッドは、AがBによって限定を受ける側面を物的（physical）と呼び、そしてこうした限定を越え出る側面を概念的（conceptual）ないし心的（mental）と呼んでいる。したがって、石といえども物的であると同時に心的な両極性（di- or bi-polarity）を備えている。ホワイトヘッドによれば、先述したすべてのものは、両極的である。ただ、無機物においては、心性（mentality）は極小に近づくが、皆無とはいえないだけである。こうした理由で、無機物が因果法則によって支配された、単に死んだものだと考える通常の考え方も許容される、ということである。

二．ところで、物はなんであれ、物的であると同時に心的な両極性を具備して、生きて経験しつつあることが、明らかになった。そしてこうした経験の主体が現実的実質であった。しかも現実的実質は、もともと素粒子に対応する概念であった。経験をたんに人間にのみ限定して認めるのではないということが、「有機体の哲学」の特色である。とは言え、とりあえずここで、人間の経験に議論を限定して考えてみたらどうであろうか。その主体は、言うまでもなく現実的実質である。しかしこの場合特に注意しなければならない一事は、現実的実質ということで意味されているのが、先に述べたように、素粒子に対応するからといって、人間経験を極微にまで細分化していって、それを経験の主体としての現実的実質だ、と主張するのは、はたして適切であろうか、ということである。そうではなく、こうした主張には、大いに異議があるのである。それはなによりもまず、先程の「飛行機のフライト」の方法論における想像力の貧困を意味するからである。人間の経験は、端的に言って、「今、ここでのわれ」の経験である。そして「今」ということで、なるほどホワイトヘッドは「瞬間」（moment）を考えているが、それは時系列を無限小にまで細分化して、それを時間単位とみなそうとする、いわゆる物理的時間における「一瞬時」（instant）ではない。そうではなく、瞬間は幅をもって持続する現在である。こうした持続する現在を、彼は「エポック的時間論」という形で捉えている（同右、一一五ページ）。エポックというのは、そこでは、時が停止することを意味するのである。持続するものというのは、それをそれ以上諸部分に細分化できない生きたもののことである。そしてそこでは、「われ」は過去的なものによって因果的に限定され、未来的なものを予想という仕方で含みながら、その都度を生きている。

こうして生きている「今、ここでのわれ」が、なんであれ経験を考えるときの原点であり、そこから類比的な思考にもとづく共感（sympathy）を通して、無機物を始めとしてすべてのものが物的即心的な生きた経験の主体、つまり現実的実質であることが、想像力による一般化を通して導き出されてくるのである。こうした「われ」は、過去的なものと「記憶」という仕方で関わり、未来的なものと「予想」という仕方で関わりつつ、その都度、「同時的世界」を拓いてくる。そして、同時的世界において、それは他の無数の同時的なもの（contemporaries）と、因果的に独立（causally independent）に、生成の一致において同一世界を共有している。こうして、「われ」は他のすべてのものと結びつきながら、その都度を世界のなかで生きているのである。ホワイトヘッドが「普遍的相対性」と呼んだ事態がそこにある。このことは、「われ」が過去的なものによって因果的に限定され、未来的なものによって目的論的に限定されながら、世界において他のすべてのものと結びつくという仕方で、その都度、世界の自己形成作用の「焦点的領域」となることを意味しているのである。

三．こうした「われ」が、実は、ホワイトヘッドが現実的実質という概念で捉えようとする人間的経験の主体に外ならない。このように考察してくると、こうした「われ」は、デカルト的な「思惟する我」でもなく、また、カント的な有限的理性存在者でもないことが、分かるのである。それはむしろ、ハイデガーが考えたように、死を自らの死として自覚的にその都度、世界のうちに生きる有限な「世界内存在」としての実存的なあり方に近い。ホワイトヘッドは、「今、ここでのわれ」がその現実世界に置かれている日常的な経験から出発することを、常に強調している。彼は「日常経験に訴え続ける」、と述べている（同右、三〇五ページ）。こうした経験は、彼が別の箇所で（同右、八九ページ）、「意識は経験を前提しており、経験が意識を前提しているのではない」、と言っているごとき経験であることは、言うまでもないことである。こうした意味で、ホワイトヘッドの「有機体の哲学」を現代の実存主義の思想的系譜のうえに位置づけることも、決して的はずれではない。ホワイトヘッドの「有機体の哲学」が、モダニズムを越えでてポスト・モダニズムを先取りしているとするわれわれの主張も、ここにその裏づけを見出すことができるのである。ただ、ホワイトヘッドがハイデガーと区別される点は、前者においては、たんに人間的経験の主体のみが考察の焦点になっているのではない、ということである。しかも、経験の主体が、現実的実質という概念で捉えられているのみならず、こうした現実的実質はその過程において自らを実現し終わると、今度は、後続する別の現実的実質の与件となるべく自らを客体化（objectification）してくるのである。ホワイトヘッドが現実的実質を、「主体―自己超越体」（subject-superject）として描こうとする理由もそこにある。このようにして、現実的実質は他の現実的実質へと移行していくのである。こうした移行を根拠づける概念が両極性である。なんであれ現実的実質は両極的であり、そしてこうした両極性を解明し、それを白日のもとにもたらしたことにこそ、生命の哲学に依拠するホワイトヘッドの「有機体の哲学」の真骨頂があるのである。

第三章　思弁哲学と範疇の構図

一．『過程と実在』は、五部からなっている。第一部は「思弁的構図」、第二部は「議論と応用」、第三部は「抱握論」、第四部は「延長の理論」、第五部は「最終的解釈」とそれぞれ題されている。以下において私が試みることは、これら各部において要点と思われるものをとりあげて、それらに私の解釈を加えながら、説明することである。まず、第一部から始めよう。

第一部の冒頭において、ホワイトヘッドは思弁哲学に言及している。このことは近代哲学的伝統においては、きわめて瞠目すべき事柄と言ってよいであろう。通常、思弁哲学は、われわれの経験がそこから出発する物的なもの（physical）を越え出ようとする形而上学（meta-physics）という形をとって現れてくる。そして人間の思考は、思弁の翼に乗ってどこまでも飛翔しようとする結果、独断論に陥ってしまうことを完膚なきまでに明らかにし批判したのが、カントであった。彼の批判哲学は、人間の認識能力を徹底的に検証することによって、その範囲と限界を明らかにしたのである。そして人間の認識能力を現象界に限局することによって、とどのつまり、現象界とそれを超えた叡智界とを区別する二元論に陥ったのである。ホワイトヘッドの思弁哲学の主張は、何よりもまず、いかなる形態をとるにせよ、こうした二元論の否定を意味するように、私には思われる。彼は二元論を否定して、それに取って替る両極性を主張したのである。ホワイトヘッドは、思弁哲学を通して形而上学的宇宙論を展開しようとしている。

ところで、ホワイトヘッドは思弁哲学を「われわれの経験のすべての要素を解釈しうる一般的諸観念の、整合的で論理的で必然的な体系を組み立てようとする試みである」と定義している（『過程と実在』上、三ページ）。ここで特に注意すべきことは、ホワイトヘッドが「われわれの経験」といっているのは、たんに人間の経験のみならず、先に述べたように、無機物から始まって神に至るまでのすべての経験を意味している、ということである。しかしそうは言っても、こうした試みを始めるにあたっての出発点、ないし基軸は、あくまでも人間の経験、殊に、「今、ここでのわれ」の経験にあるのである。他のすべての経験は、こうした「われの経験」との類比的思考にもとづいて、共感を通して導きだされてくるのである。ホワイトヘッドによれば、現実的実質としての私は「今、ここ」でそれ自身の現実世界におかれて、それによって因果的に限定されながら、同時に未来に向かって目的を実現するという仕方で、自己を実現するその都度、世界の自己形成作用の焦点として働いていくのである。そして現実的実質のこうした被限定即能限定的な自己創造過程は、その都度、いわゆる「時が止まる」

持続する瞬間において生起するのであり（同右、二二六ページ）、そこに同時的な世界を拓いてくるのである。現実的実質はこの同時的世界において、他の無数の同時的なものと因果的に独立に、同じ世界を共有しながら、「生成の一致」（unison of becoming）のうちにある（同右、二二四ページ）。つまり、Aという現実的実質の先ほどの自己創造過程は、Aと同時的な他の無数の現実的諸実質の、相互に因果的影響を蒙ることなく、それぞれの仕方での自己創造過程と呼応しあっているのである。そしてこれらの現実的実質のそれぞれに固有の仕方での創造過程を媒介にして、世界の自己形成作用もまた成立するのであり、そこにホワイトヘッドの主張する形而上学的宇宙論の立場があるのである。ホワイトヘッドが「われわれの経験のすべての要素」と言っているのは、こうした立場を踏まえていることが、まず注意されなければならない。彼のいう思弁哲学は、こうした諸経験を解釈する一般的諸観念の体系を構築しようと試みているのである。そしてここで「一般的諸観念の体系」といっているのは、「諸範疇の構図」と言い換えてもよいであろう。

二　各現実的実質は、それ自身の現実世界におかれてそれぞれによって限定されながら、自己自身を限定していく過程であり、ホワイトヘッドはこうした過程を合生（concrescence）と呼んでいる。Concrescenceというのは、grow together、つまり「共に成長すること」を意味する。ある現実的実質にとって、それ自身の世界は直接的に与えられたもの――こうした所与性は、ホワイトヘッドでは物的という言い回しで捉えられている——であり、それは「頑固な事実」として、そのまま彼方のものを此方へと受容する以外にないものである。彼は主体のこうして受容する働きを物的抱握（physical prehension）と呼んでいる。物的抱握は、なるほど主体の働きではあるが、それは先述の通り、与えられたものを彼方のものを此方へとそのまま受け取る働きであるがゆえに、被限定という性格をもっている。物的抱握には、積極的（positive）と消極的（negative）との二種が区別される。前者は与えられたものを積極的に自らのうちへと受容することであり、後者はそうした受容を拒否する働きである。積極的な物的抱握をホワイトヘッドは「感じ」（feeling）と呼んでいる。

ホワイトヘッドは現実的実質の合生過程を、三つの相（phase）から成るものとして捉えている。原初相が物的抱握である。現実的実質は、さしあたってまず、それ自身の世界におかれ、そこに住まっている（dwell）。現実世界はいろいろな物によって構成された多なる世界である。現実的実質はこうした多なるものに触れ関わり、それによって限定されるという仕方でそれを受容するのであり、こうした積極的受容が先に感じと呼ばれた。したがって、現実的実質の原初相は情的とか情動的（emotional）な性格をもつ。こうした原初相をホワイトヘッドはまた、物的極（physical pole）とも呼ぶ。そこでは、現実的実質は物的に与えられたものを被限定的に自らのうちへと受容する。こうして物的極において、それは過去的なものによって因果的に限定されている。しかし現実的実質はなんであれ、生きた有機体的なものである以上、因果的に限定されることに尽きるのではなく、それを越えでて自らを創っていくのである。現実的実質のこうした自己創造活動は、ある目的観念を未来に向かって実現するという仕方で、そこに新しさ（novelty）を産み出していく。これが現実的実質の補完相である。ホワイトヘッドはこうした補完相を心的（mental）ないし概念的（conceptual）な極と呼んでいる。現実的実質はどれもみな物的と心的の両極性をもつ。こうして、現実的実質は過去的なものによって因果的に限定されると同時に、未来的なものによって目的論的に限定されるという仕方で、被限定即能限定的に自己を創造していくのである。そして自己を創造し終わるところが最終相であり、ホワイトヘッドはそれを満足（satisfaction）と呼ぶ。

以上述べた三つの相によって構成された現実的実質は、その合生過程において多を一へと統合していくという仕方で、それはそれであるところのも（it is what it is）、つまり、実体（substance）となり、自己を実現する。実現し終わると、それはなるほど消滅（perish）するが、このことの意味は、その主体的直接性（subjective immediacy）が蒸発する（evaporate）にすぎない。そしてそれは、今度は、実体で「ある」(being）こととして、後続する現実的実質に与件として客体化（objectification）されるのである。ホワイトヘッドが主体を常に自己超越体（superject）と結びつけて理解する理由がそこにある。

「多は一となり、一つだけ増し加える」、とホワイトヘッドは言う（同右、三五ページ）。多の一への統合は、多なるものの単なる算術的総和ではないがゆえに、それ自身既に新しさの産出に外ならない。こうした新しさの産出は、現実的実質の自己実現の結果である。そして現実的実質の自己実現の有り様が「多が一になる」ということであり、西田哲学の言い回しを使って言えば、「多即一」ということである。そしてそれが自分自身を実現し終わると、それはそれであるところのもの、つまり、実体となる。そこに、生成（becoming）から存在（being）への移行がある。

存在であるということは、なるほど、そこではその主体的直接性は蒸発し消滅しはするが、後続者に与件として客体化されることであり、そしてまた、世界を構成する一つの要素として、世界の形成作用に寄与貢献することでもある。「『存在』の本性には、それはすべての生成にとって潜勢的なものである、ということが属している」、とホワイトヘッドは書いている（同右、三七ページ）。このことが、先の「一つだけ増し加える」という文言の意味である。「一つだけ増し加える」ということは、それ自身多なる世界の一要素となることであって、今度もまた西田哲学の言い回しで言えば、「一即多」ということである。こうして、多は一を前提にし、一は多を前提にしている（同右、三四ページ）。言い換えると、「多即一、一即多」ということである（同右、二九〇ページ）。こうした言い回しによって、現実的諸実質がそれぞれそれ自身の世界におかれて、被限定即能限定的に自己を実現するその都度、世界の自己形成作用の焦点になるという事態が端的に表現されているのである。そこでは、多と一とが相互に前提しあうという仕方で、つまり「多即一、一即多」という仕方で、創造性が働いている。ホワイトヘッドが創造性と多と一とを「窮極的なものの範疇」（同右、三四ページ）と呼び、そして、創造性は「究極的事態を性格づけるもろもろの普遍的なもののうちの普遍的なもの」と言った理由もそこにある（同右、三四ページ）。

創造性はすべてを貫いて働いている純活動であり、「すべての形相の背後にある窮極的なもの」であるから、「形相では説明できない」とはいえ、それによって創られるものによって「制約される」（同右、三三ページ）。「制約される」ということは、それはなるほど純活動であり、いかなるものによる説明をも越えでているが、しかしそれによって創られたもののうちにその働きが例証され、確認され、従ってそれは後者を度外視してはありえない、ということである。ホワイトヘッドは、なんであれ現実的実質は「自己創造的被造物」（self-creating creature）と呼んでいるが、ここで被造物というのは、創造性によって創られたもの、という意味である。

三　ところで、現実的実質ということで、瞬間に成立する「今、ここでのわれ」が言及されていることは、既に述べた。こうした「われ」は瞬間に成立するとはいえ、「感じ、思惟し、行為する」全人としての「われ」であることが、留意されなければならない。ホワイトヘッドが現実的実質を生ける一つの有機体と捉えた理由も、そこにある。実は、こうした「われ」がホワイトヘッドでは、経験の主体と考えられている。そこに、従来の経験についての考え方との根本的な相違がある。伝統的な考え方は、デカルトにみられるように、思惟する我から出発した。デカルトの「我思惟す、ゆえに我あり」というのは、思惟する我が「ある」（being）、ということである。彼がそれを実体と捉えたことは、既に述べた。実体とは、それが存在するために、他の何者も必要としないものである。ホワイトヘッドは、現実的実質は、さしあたってまず、実体ではないと言う。このことの意味は、その原初相は、デカルトにおけるように思惟する主体として「ある」のではなく、「感じ手」(feeler)としてある、ということである。現実的実質について、彼がそれを「それ自身に成ることにおいて、それが何でありうるかの問いを解決する」(同右、二六〇ページ)とか、あるいはまた、「現実的実質がいかにして生成するかが、その現実的実質が何であるかを構成している」(同右、二八八ページ)と言っていることからも明らかなように、それは自己を実現する過程であるが、この過程は、むしろ「成る—為す—ある」という三つの相からなるものとして、考えられるべきであろう。感じ手(feeler)は、現実的実質の原初相であるが、それは、さしあたってまず、実体として「ある」ものではない。それは、現実的実質がそこに住まっている現実世界の多なるものに触れ関わり、それらのものを彼方から此方へと受容するという仕方で、それらのものによって限定されているのである。それはそれらのものをそのまま感じる(feeling of feelings)のである。それが経験の主体としての現実的実質の原初相である。ここにわれわれは、経験の主体を「思惟する我の存在」として措定しようとする従来の哲学思想とホワイトヘッドとの根本的相異点を見出すことができる。ホワイトヘッドによれば、現実的実質は与えられた多なる与件を、さしあたってまず、自らへと感じ取るのであり、それが「成る」ということである。「成る」というのは、したがって、物的という性格をもつ。ついで、「為す」というのは、先に述べた「補完相」

のことであり、そこでは、人間は経験の主体として、こうして感じ取られた多なるものを客体として表象し、思惟するのである。したがって、「為す」というのは、概念的という性格をもつ。そして「ある」というのは、「最終相」のことであり、そこでは現実的実質は物的なものと概念的なものとを統合することによって、自己を実現するのであり、それが「ある」つまり「存在」ということである。そして存在であるかぎり、それは実体と呼ばれる。ホワイトヘッドが現実的実質は実体ではない、と同時に、実体であると言っているのは、以上のように理解できるであろう。

四　ホワイトヘッドは範疇に四つのパターンを認めている。まず第一に、「究極的なものの範疇」である。第二に、「存在の範疇」であり、第三に、「説明の範疇」、最後に、「範疇的拘束」である。第一の範疇については、既に述べた。存在の範疇に彼は八項目を数え上げている。最初に挙げられているのは、現実的実質である。現実的実質が「ある」もの、つまり存在であることは、前述のことから明らかである。第二に、抱握が挙げられているが、抱握に物的と概念的との二種が区別されることは、既に述べた。第三に言及されている結合体（nexus）とは、何であろうか。現実的実質は、もともと素粒子に対応するものとして、物理学的領域から取り出されたものであった。そして、それが人間の経験に適用される場合には、瞬間に成立する「今、ここでのわれ」であった。したがってそれは、常識的にわれわれが見たり聞いたり、さまざまな仕方で関わっているもの、つまり、持続物（an enduring thing）

ではないであろう。たとえば、人間の経験に関して持続物といえば、それは生まれてから死ぬまで、ある統一的な人格をもって存在するものである ホワイトヘッドはこうした持続物を現実的諸実質の結合体として捉えるのである。同じことは、人間以外の持続物についてもいえるのである。

さらに、ホワイトヘッドは永遠的客体（an eternal object）を、存在の範疇に数えいれている。永遠的客体は、プラトンのイデアに相当するものである。しかしそれは、プラトンのイデアと根本的な相違点をもっている。プラトンではイデア、つまり観念こそが、恒常性を欠く感覚的個物の世界――生成界――と区別されて、本当の意味で「存在するもの」と考えられているが、ホワイトヘッドが永遠的客体ということで念頭においているのは、現実的諸実質に現実化され例示される純然たる可能性ないし潜勢体にすぎない。ホワイトヘッドの思想が転倒したプラトニズムだといわれる理由が、そこにある。永遠的客体は、それがそこに現実化される現実的諸実質を度外視すれば、なに一つ存在性をもつものではない。ホワイトヘッドは、後述するように、「説明の範疇」の一つに「存在論的原理」を挙げており、それによると、生成する「現実的実質のみが根拠だ」（同右、四一ページ）ということである。したがって、プラトンにおけるように、生成する個物の世界とその背後世界としての超越的なイデア界とを区別し、後者のみが真の意味で存在する、と主張することはできない。では、永遠的諸客体は、いったいどこに根拠づけられてあるのかと自問しながら、それらは神と呼ばれる現実的実質のうちに根拠づけられている、と彼は答えている。こうした神が、後述するように、神の原初的本性という言い回しで記述されている。

このように考察してくると、しかしながら、永遠的客体はたんに可能性にすぎないのだから、それを存在の範疇に数えいれることには、問題無きにしもあらず、ということになろう。ことに、ホワイトヘッドの試みが、すべての経験を解釈しうる、論理的に首尾一貫した「整合的」な一般的諸観念の体系を構築することにある点に照らしていうと、はたしてそこでは、整合性の基準が満たされているかどうかの疑念が、残るであろう。

五．次に、「説明の範疇」について考察してみよう。ホワイトヘッドはこの範疇に二四項目を数え上げている。それらすべてをここで列挙して検討することはできないので、要点のみを述べてみよう。先に述べたように、現実的諸実質はそれぞれそれ自身の現実世界におかれて、それによって限定されながら、自らを限定するという仕方で、「多即一、一即多」的に世界の自己形成作用に寄与貢献していくと主張する形而上学的宇宙論を展開することが、彼の主要テーマである。そこでは現実的諸実質と世界とのダイナミックな関係が問題になっている。「哲学研究は、より大きな一般性へ向かっての航海である」と、彼は述べている（同右、一五ページ）。こうしたダイナミックな関係には、二種の過程が区別できるであろう。一つは、各現実的実質の被限定即能限定的な過程であり、今一つは現実的実質が消滅して、後続者に移行していく過程である。前者をホワイトヘッドは微視的過程（micro-scopic process）において成立する「合生」（concrescence）と呼び、後者を巨視的過程（macro-scopic process）に成立する「移行」（transition）と呼んでいる（同右、三六六ページ）。後者がなぜ巨視的と呼ばれるかというと、ある現実的実質の、その後続者への「移行」を媒介にして、世界の創造的前進が可能になるからである。こうした意味において、われわれは、各現実的実質はその自己創造過程を媒介にして、その都度、世界の表現活動の焦点になる、と言うことができるのである。したがって、いかなる現実的実質も「宇宙の体系からの完全な抽象において考察されえない」（同右、四ページ）のであり、全世界は相俟って各現実的実質を産出する、と言ってよいのである。「合生は全宇宙の固体化」（同右、二八六ページ）とか、小宇宙は「大宇宙においてあるものを、自らにおいて繰り返す」（同右、三七四ページ）と言われている理由が、そこにある。説明の範疇はこうした事態を説明し、解釈しようとする一般的諸観念であることが、まず銘記されなければならない。このことは、説明の第四の範疇が取り扱っている事柄である。ホワイトヘッドはこう言っている。「説明の第四の範疇から帰結するのは、完全な抽象という概念は自己矛盾だ、ということである。というのは、現実的であれ、非現実的であれ、任意の実質から宇宙を抽象し、したがってその実質を完全な孤立において考えることはできないのだから」（同右、四七ページ）と。

　何であれ現実的実質は、両極的であり、その物的極において、先立つ過去的なものによって因果的に限定され、概念的極において未来的なものによって目的論的に限定されることは、既に述べた。前者に関して、現実的実質を因果的に限定する「先立つ過去的なもの」ということで意味されているのは、この現実的実質（A）がそこに置かれた現実世界であり、あるいはもっと具体的に言えば、そこに置かれた、Aに直接的に先立つ客体化された現実的実質（B）である。この場合、現実世界はBを頂点として、Aとの関連性の遠近法的度合（a perspective degree）においてそれに与えられたものとなってくる、と考えられる。こうして与えられたものが「リアルな潜勢態」と呼ばれていることを、第六の範疇が説明している（同右、三八ページ）。そして後者、つまり概念的極において、現実的実質はある目的観念を未来に向かって実現すべく、自からを限定していく。ここで「目的観念」というのは、ある種の永遠的客体である。言い換えると、この永遠的客体が当の現実的実質の自己実現を目的論的に誘導すべく、その合生過程に「進入」（ingression）するのである。こうして進入する永遠的客体をホワイトヘッドは、先のリアルな潜勢態と区別して、「純粋な潜勢態」と呼んでいる。この点に関して、彼は説明の第七の範疇においてこう述べている。「ある永遠的客体は、現実的実質の生成へと進入するためのその潜勢態によってのみ、記述されうる」（同右、三八ページ）と。以上において述べたことを、ホワイトヘッドは説明の第八の範疇において、「作用因ならびに目的因の原理」という言回しで説明し、こう述べている。「生成の過程が、任意の特殊な事例において従うすべての条件は、その根拠を、その合生の現実世界のうちにある或る現実的実質の性格のうちか、それとも合生の過程にある主体の性格のうちかにもっている」（同右、四一ページ）と。

六．現実的実質はその合生過程において、物的なものと概念的なものとを統合するのであるが、では、そこに進入する永遠的客体はどこから導き出されてくるのであろうか。それは、さしあたってまず、当の現実的実質に物的なものとして与えられているもののうちに例示されている。したがって、現実的実質は物的なものを抱握し、次いで、そこに例示された永遠的客体を概念的に抱握するのであり、そしてそういう仕方で、自らの合生過程において、物的なものと概念的なものとを統合にもたらすのである。そしてこうして統合がもたらされる段階が、先に現実的実質の「補完相」と呼ばれたのである。ホワイトヘッドによれば、意識はこの補完相において初めて檜舞台に登場してくる。従来の認識論におけるように、意識がまずあって経験があるのではなく、経験があって意識があるのである（同右、八九ページ）。彼は説明の第九において、現実的実質が与えられたものをいかにして受容するかの仕方を、「主体的形式」と呼び、意識は物的抱握ならびに概念的抱握と呼ばれる「いずれのタイプの抱握の主体的形式にも、必ずしも含まれていない」と言っている（同右、三九ページ）。意識はむしろこれら二つの抱握のコントラストのうちに、現れてくるのである。「意識が生起するのは、総合する感じが、物的感じを概念的感じと統合する場合である」（『過程と実在』下、四四二ページ）、とホワイトヘッドは書いている。あるいはまた、「意識は、われわれがいかにして、肯定―否定コントラストを感じるか、ということである」（同右、四四三ページ）とも書いている。デカルトの思惟する我は意識の主体に外ならず、経験はこうした意識の主体を前提にし、それを出発点としているのであるから、ホワイトヘッドの「有機体の哲学」との相違は、歴然としている。

彼によれば、意識が前提にされるのではなく、それは実は、抽象物に過ぎないのである。もしそうした抽象物を最も具体的なものと錯覚し、「具体者を置き違える誤謬」を犯して、デカルトにおけるように、それを経験の構築にあたっての基軸にしようとするならば、そうした試みは「現在の瞬間の独我論」(solipsism of the present moment)(『過程と実在』上、一二九ページ)、に陥る外はないであろう。彼が経験の主体として捉える現実的実質は、しかしながら、それの置かれた現実世界に限定されながら、みずからを限定するという仕方で自己を創造し終わると、今度は自己を越えでて他者に客体化される「自己超越体」(superject)である。こうした仕方で、自己は他のすべての物と結びついているのである。それに反して、従来の立場は意識の主体にもとづいて、他のすべてのものをその客体として対象的に捉えようとする。その際、客体はその性質がさまざまに変容する「もの」として捉えられるが、主体はこうした諸性質の変容がそれにもとづいて成立する、それ自身自己同一的な基体であり、基体は実体と考えられたのである。そこに主―客の関係が成立するが、意識はこうした関係に立って事物を実体―属性の結びつきで捉えようとする。そして事物をこうした仕方で捉えて、それを主語と述語との結びつきに成立する日常言語に表現するのである。ホワイトヘッドは事物のこうした捉え方を実体―属性＝主語―述語の範疇によって描いている。

ここには、何よりもまず、主観と客観との二元的な対立が支配している。しかし、ホワイトヘッドの「有機体の哲学」の特色は、なんであれ二元論の否定であり、それにたいして、両極性の立場を強調することである。両極性は、厳密には、二元論と区別されなければならない。両極性は生命の流れに意をくばっているが、それに反して二元論は諸事物を死んだバラバラなもの、つまりそれ自身存在するために他の何者も必要としないで、空間のなかで単純に位置を占める実体として、捉えようとする。彼が「単純に位置を占める誤謬」(fallacy of simple location)と呼んでいるのは、二元論の帰結である。それに反して、両極性の特徴はどこにあるであろうか。ある現実的実質は、それに先立つものによって限定されながら、自らを限定するという仕方で、自己を実現していくのであるが、こうした自己実現が終了すると、今度は、後続者へと移行していく。そこにはAからB、BからCへの生命の流れがある。両極性は、なによりもまず、こうした生命、ないしエネルギーの流れを正当に評価しようとする概念なのである。

次に、「満足」について、述べてみよう。この点に関して、ホワイトヘッドは説明の第二五の範疇において、こう述べている。「現実的実質を構成する合生の過程における最終相は、一つの十全に決定された複合的感じである。この最終相は、満足と呼ばれる」(同右、四三ページ)と。この満足において、現実的実質の合生過程は終息しているのであり、そしてそれは実体として「ある」(being)のである。存在であるということは、第四の範疇が説明しているように、それが他者の生成に寄与貢献する潜勢的なものとして客体化されるという仕方で、後者に「相対的」な関わりをもってくることを、意味している。ホワイトヘッドがこうした事態を「相対性原理」(the principle of relativity)と呼ぶ理由も、そこにある(同右、三七ページ)。

七. 最後のタイプの範疇として、ホワイトヘッドは九つの範疇的拘束(categoreal obligations)を挙げている。このobligationという英語は「拘束」とも、あるいはまた、「義務づけ」とも訳されうるであろう。では、何故こうした言葉が使用されるのであろうか。私の推測をあえて述べてみよう。先述した通り、現実的実質の合生過程は、原初相―補完相―満足という三つの相から成っていた。あるいはまた、別の仕方で言えば、それは「成る―為す―ある」という過程を形成していた。ということは、それはさしあたってまず、既に実体として「ある」のではない、ということである。言い換えると、それは自らを創造すべき課題を負った、「あるべき」(ought to be)未完としてある、ということである。範疇的拘束の第一は、「主体的統一の範疇」と呼ばれ、「現実的実質の過程における未完相に属する多くの感じは、その相の未完性のゆえに未統合であるとはいえ、それらの主体の統一性のゆえに、総合されるにあたって両立可能である」(同右、四四ページ)と言われているが、こうした文言は前述したような文脈において、初めて理解できると思われる。

　範疇的拘束の第四と第五とに注意を向けてみよう。前者は「概念的価値づけの範疇」(category of conceptual valuation)と呼ばれ、「各物的感じから、純粋な概念的感じの派生があり、この概念的感じの与件は、物的に感じられた現実的実質ないし結合体の限定性を決定する永遠的客体である」、といわれている（同右、四四ページ）。言い換えると、この範疇的拘束が意味するのは、既に述べたように、ある現実的実質に進入する永遠的客体は、この現実的実質がそこに置かれた物的なものにすでに例示されているがゆえに、第一次的にはそこから導きだされてくる、ということである。こうした考えは、すべての観念の先天性を否定し、それらは経験を通して後天的に導きだされる、と主張するイギリス経験論と符節を合するものである。しかしただそれだけでは、現実的実質はそれに先立つものを因果的に再演するにすぎず、新しさの創造はないであろう。そこから、後者、つまり第五の範疇的拘束が「概念的転換の範疇」（category of conceptual reversion）という形で、取り上げられてくるのである。それはこう述べられている。「心的極の原初相における与件を形成する永遠的客体と、半ば同一で半ば相違する与件を伴った概念的感じの二次的成立がある。この相違は、主体的指向によって決定される関連ある相違である」（同右、四四―四五ページ）と。こうして、現実的実質は、過去的なものによって因果的に限定される仕方としての物的感じと、そしてそこから第一次的ならびに第二次的に導きだされる概念的感じとを自らの合生過程において統合することによって、過去的な因果的限定を越えでて、未来に向かって新しさを創造することができるのである。

ホワイトヘッドは概念的転換の範疇の由来について、それをヒュームの『人性論』に求めている。ヒュームは、感覚印象からそれに対応した単純観念が導き出されることを主張した。しかし、この書物のなかで、彼はその例外を認めている。その点について、ホワイトヘッドはこう述べている。「ヒュームはたった今設定されたまさしくその原理を伴っているある例外、つまり、与件のうちに実現されてはいないが与件に近接しているがゆえに客体的誘因を構成する潜勢態の原理に、注目している」と述べて、次のようなヒュームの文章を引き合いにだしている。「或る人が既に三十年のあいだ視覚を享受して、あらゆる種類の色彩を完全に熟知するようになったが、只一つ、例えば或る色度の青は不遇にして一度も遭遇していない、と仮定しよう。いま彼の面前にこの只一つの色度を除いたすべての色度の青を、最も濃いものから最も淡調なものまで漸次に並べよう。誰にも判るように、彼はその色度が欠けている箇所に空白を看取し、隣接する色彩の距離がこの場所では他のどこよりも大きいことを気づくであろう。さて私は訊ねるが、彼は自己自身の想像をもってこの欠陥を補い、感官が問題の色度を未だかつて伝えないにもかかわらず、当該特殊色度の観念を心に起こしうるか。私の信ずるところでは恐らく誰しも可能説であろう。そしてこの一事は、単純観念が常に対応印象からくるとは限らぬ証拠とするに足るものである」（同右、一四八—一四九ページ。なお、ヒューム『人性論』からの文章は、大槻春彦訳、第一巻、岩波書店、三二—三四ページからの引用）と。ヒュームはここで、すべての単純観念がそれに対応する感覚印象から導きだされるとする、自らの主観主義的感覚主義説の欠陥を率直に認めているのであるが、逆に、ホワイトヘッドは概念的転換の範疇の由来を、誰もが肯定するこうした日常経験に求めているのである。

ところで、ホワイトヘッドは別の箇所で、現実的実質を目的論的に教導する「主体的指向」(subjective aim)は、原初的には、神の原初的本性から導きだされると言い、こう述べている。「原初的に創造された事実は、永遠的諸客体の全諸多性の、無制約的な概念的価値づけである。これが神の原初的本性である。この完全な価値づけのゆえに、それぞれの派生的な現実的実質における神の客体化は、その派生的な契機の合生しつつある諸相への永遠的客体の関連性の度合に帰趨する」(同右、五二ページ)と。ここでは、現実的実質の合生過程に進入する永遠的客体は「原初的本性における神」に由来する、と述べられている。つまり、ある永遠的客体(P)が現実的実質の合生過程に進入することは、このPと結びついたすべての永遠的客体が、この現実的実質にたいして、Pを頂点とした遠近法的な関連性の度合において関わりをもってくる、ということである。そしてこのことは、これらすべての永遠的客体を自らのうちで概念的に抱握している「原初的本性における神」が当の現実的実質に客体化されることを意味するのである。こうした主張は、前述のイギリス経験論に沿った観念の導出と矛盾撞着しないであろうか。もしそうなら、それはわれわれの経験を解釈する一般的諸観念が「整合的」であるべきだとするホワイトヘッドの主張と齟齬し、そこに哲学体系における瑕疵が生ずるのではなかろうか。

この点に関して、あえて私見を述べてみよう。ある現実的実質が物的即概念的に自からを限定し、目的観念、つまりある種の永遠的客体を実現して新しさを創造するその都度、その現場に(on the spot)、原初的本性における神が内在――そのことが「神の客体化」ということである――し、みずからを現してくる、と考えて差し支えないのではなかろうか。そしてそこで、現実的実質は神と出会い、神と面々相接することができるのである。このように考えてくれば、先述の齟齬は雲散霧消するのではなかろうか。そしてそこでは、現実的実質と世界と神との三者のダイナミックな関係が話題として、浮かび上がってくるのである。

八．神はその原初的本性において、ある現実的実質に内在し（同右、五四ページ）、後者の未来に向かっての自己創造過程を教導する主体的指向は、そこから導きだされてくる。そして現実的実質がこの主体的指向を実現し終わると、それは消滅する。しかし消滅するということは、ホワイトヘッドの思想の文脈においては、すくなくとも三つの意味合いをもっている。まず第一に、後続者に与件として客体化される、ということである。このことは、後続者の記憶のうちに保持される、と言い換えてもよいであろう。これは、自己に死して他者に生きる、ということでもある。第二に、先に「一つだけ増し加える」と言われていることでも明らかなように、世界の一要素になることである。そのことが、「一が多になる」ということである。第三に、神の記憶に保持されることである。つまり、現実的実質が自己に死して神に生きることであり、いわゆる死復活である。ホワイトヘッドによれば、神は、自己実現を果たした現実的実質を、そしてまた、後者を媒介にして「一つだけ増し加えられた」世界を自らの記憶のうちに保持し受容するのである。こうした神のあり方が、「結果的本性における神」と呼ばれている。なぜなら、それは世界の神に与える結果だからである。「原初的本性における神」は、概念的であり、「結果的本性における神」は、客体化された世界、つまり物的なものを受容する働きであるから、物的である。神は概念的なものと物的なものとを、こうして自らのうちで統合にもたらすのである。そして神はその都度、他の有限な現実的実質と異なって、消滅せず、自からを越えでて、自己を世界にあたえてくる。それが「自己超越体における神」である。神はこうして他の有限な現実的実質と同じように、三つの相から成っていることが、分かるのである。神が現実的実質と呼ばれる理由が、そこにある。しかし神は有限ではなく、「永続的」(everlasting)である。神が現実的実質であるかぎり、それはなるほど創造性によって創られたものであるが、しかし他の有限者と異なって、原初的に創られたもの(the primordially created)である。「有機体の哲学」では、究極的なものは「創造性」と呼ばれており、「神はこの創造性の原初的非時間的な偶有事である」(同右、一〇ページ)。別の箇所では、神は「原初的に創造された事実」と言われている(同右、五二ページ)。

このように考察してくると、神は伝統的なキリスト教神学におけるように、無からの創造者とは考えられてはいない。むしろ、被造物なのである。しかしそれは原初的な被造物(the primordial creature)である。ホワイトヘッドの生命の哲学では、創造性が「普遍者の普遍者」として、すべてを貫いて働いているのであり、すべてのものはそれによって創られたものである。神もその例外ではない。とはいえ、神はその原初的非時間的な被造物であるがゆえに、創造性はこうした神を度外視しては、働くことができないのである。創造性は、さし当ってまず神を媒介にして働くのである。そしてこうした意味において、神は創造者だとする解釈も成り立つのである。しかし、よしんばこうした解釈が成り立つとしても、神は決して世界を「無から創造する者」ではない。神を通した創造性の働きは、いつでも、世界を前提にし、世界と共に始まるというのが、ホワイトヘッドの宗教思想の根本的立場である。因みに、彼の宗教思想は、第五部の「最終的解釈」で遺漏なく展開されている。いずれにせよ、有機体の哲学においては、いつでも、有限な現実的実質と世界と神とのダイナミックな関係が、考察の対象になっているのである。

そこに、哲学と宗教と科学との密接な関係が成立する。ホワイトヘッドはこう述べている。「哲学が無力さの汚名から解放されるのは、それが宗教ならびに科学——自然科学ならびに社会科学——と密接に関係することによってである。哲学がその主な重要さを達成するのは、両者つまり宗教と科学とを、一つの合理的な思考の構図に接合することによってである」（同右、二五ページ）。彼は哲学、宗教そして科学を密接に関係づけることによって、われわれの経験を解釈する一般的諸観念の、整合的で論理的で必然的な体系の構築を目指しているのである。それが彼のいう形而上学的な思弁哲学である。あるいはまた、「肝心なことは、すべての命題は、ある一般的で体系的な形而上学的性格を展示している宇宙に関わっている」とも、述べている（同右、一七ページ）。先に、「哲学研究は、より大きな一般性へ向かっての航海」だ、といわれた理由も、そこにある。しかしまた、ここで留意しなければならないことは、ホワイトヘッドの哲学体系は開かれた体系だ、ということである。彼はなんであれ、決して最終性（finality）を目指しているのではない。「有機体の哲学」は、あくまでも「今、ここでのわれ」から出発するのである。そして、「哲学の主要方法は、記述的一般化」だと、はっきり述べている（同右、一六ページ）。したがって、「形而上学的範疇は、自明的なものの独断的陳述ではない。それは究極的な一般化の、試論的な定式化」（同右、一二―一三ページ）なのである。ここで特に注意を喚起すべきは、「試論的」という言葉であろう。あるいはまた、こうも述べられている。「哲学者たちはこれらの形而上学の第一原理を究極的な形で定式化することを、決して望むことはできない。洞察の弱さと言語の欠陥が、厳として立ち塞がっている」（同右、五ページ）と。

第四章　知覚論と延長的連続体

一．何であれ現実的実質は、それ自身の現実世界によって因果的に限定されながら、自己自身を目的論的に限定していくという仕方で、自己を実現する経験主体であった。現実的実質のこうした自己実現の過程は、「合生」と呼ばれ、いわゆる「時が止まる」持続において成立した。持続においては、時が止まるがゆえに、空間的広がりがひらかれてくる。それが同時的世界である。そこでは、当の現実的実質は他の無数の同時的なものと因果的に独立に、生成の一致において、同じ世界を共有している。こうしてそれらの現実的実質は、お互いに因果的影響をこうむることなく、それぞれの仕方で、被限定即能限定的に自己を実現していくのである。このことは現実世界が、これらの現実的実質のそれぞれの仕方での自己実現の過程を媒介にして、創造的に前進していくことを意味する。そして当該現実的実質が自己を実現し終わると、それは消滅するが、このことはその主体的直接性が蒸発することを意味するにすぎず、今度は、それは後続する現実的実質の合生過程に与件として客体化されるという仕方で、「移行」していく。現実的実質のこうした「合生と移行」という働きは、非連続的であると同時に連続的であり、空間的であると同時に時間的である。このことは、物理的領域においてエネルギーを構成する各要素が粒子的であると同時に、波動的であるという二つの相補的な性格をもつことと類比的である。ホワイトヘッドは、合生と移行と呼ばれる二種類の流動性に言及して、こう述べている。「一方の種類は、特殊な存在者の構造に内属する流動性である。この種類を私は合生と呼んできた。もう一方の種類は、それによって特殊な存在者が完結するやいなや、過程の消滅がその存在者を、過程の反復によって誘発される他の特殊な存在者の構造のうちで原生的要素として構成する流動性である。この種類を私は移行と呼んできた」（『過程と実在』上、三六六ページ）と。

このように考察してくると、各現実的実質はその合生過程において、原子的個体性（atomic individuality）を実現するその都度、後続者へと連続的に移行していくことが分かる。それは世界によって創られながら、世界を創っていく。言い換えると、それはこうして世界の自己形成作用の焦点になるのである。そして絶えず創造的に前進しつつある世界もまた、空間的であると同時に時間的であり、非連続的であると同時に連続的である。ホワイトヘッドは、現実的実質が時空的統一体であり、そして世界もまた時空的な延長的連続体であることを、話題にしている（同右、一一四ページ）。

二．

筆者は既に、ホワイトヘッドの標榜する「有機体の哲学」が、われわれの日常的な経験から出発することを指摘した。現実的実質はこうした経験の主体である。それは物的と概念的ないし心的と呼ばれる二つの極からなっている。こうした両極性が、二元論との区別において、特に強調されなければならない。なぜならそれは、「合生と移行」という言い回しによって表現された、現実的諸実質の流動に関わるからである。物的極ということで意味されているのは、従来の認識論で経験がそこから出発すると考えられている、意識の主体としての「思惟する我」ではなく、意識以前的な「感じ手」なのである。それは、現実的実質がさしあたってまずそこに置かれている現実世界に直接に触れ、それをそのまま、彼方のものを此方へと感じ取るのである。直接に与えられたものをこうして受容する現実的実質の働きを、ホワイトヘッドが物的抱握という概念で捉えたことは、既に述べた。そして積極的な物的抱握が、感じと言い換えられている。現実的実質の原初相において、こうして感じ取られ受容された多様な物的なものは、そこに例示された概念的なもの、並びに、こうした概念的なものと半ば同一で半ば相違した他の概念的なものと結び付けられ、統合されてくるのである。物的なものと概念的なものとの「多が一になる」こうした統合過程は、現実的実質の中間相を経て「満足」に至るのであるが、この中間相に意識の主体としての「思惟する我」が、登場するのである。このように考えてくると、意識は、したがってまた、「思惟する我」は、それに先立つ経験から導き出された抽象物であることが、分かるのである。それゆえ、「思惟する我」を、なんであれ、経験を構築するにあたっての出発点として措定する従来のデカルトやカントに認められる認識論は、抽象物を具体的なものとすりかえる、ホワイトヘッドのいわゆる「具体者置き違えの誤謬」(fallacy of misplaced concreteness)を犯しているのである。

「思惟する我」を主軸とするのが、従来の知性至上主義的立場であるとすると、知性がそれに先立つ物的なものから導きだされるという、ホワイトヘッドの立場において問題になるのは、むしろ「情的知」と呼ばれるべきだ、と思われる。ここでは、知性はそれに先立つ情的なものと二者択一的な排他的関係に立つのではなく、むしろ前者は後者から導き出され、またそこへと帰っていくものであることが、特に留意されなければならない。彼は情的知という言い回しに直接言及はしていないが、それをそれとなく示唆して、こう述べている。「感じにおいては、感じられるものは、必ずしも分析されるわけではない。知性においては、知られるものは、それが知られるかぎりにおいて分析される。知性は感じの特殊形態である」(同右、二六六ページ)と。

人間的意識を認識主観として措定し、そして主観—客観関係にもとづいて、すべての事物を対象的に捉えようとする伝統的な認識論は、結局のところ、二元論に陥っているのである。前述の誤謬にもとづく二元論は、なんであれ事物を固定的に実体とし捉えようとするあまり、生命の流動を停止にもたらすのであり、ホワイトヘッドの主張するもう一つの「単純に位置を占める誤謬」(fallacy of simple location)、つまり諸事物を「それ自身存在するために他のいかなるものにも依存しない」バラバラな実体とみなすことになるのである。

三．さて、ホワイトヘッドの知覚論を検討してみよう。先述した通り、現実的実質は経験の主体であり、そしてその際、経験というのは、「成る―為す―ある」の三つの相において成立する、現実的実質の自己実現の過程に外ならない。現実的実質は、こうして自らを実現し終わると、後続者に与件として客体化されるのである。現実的実質は主体―自己超越体である。こうした三つの相はまた、原初相―補完相―満足と言い換えてもよい。知覚論において、これら三つの相にそれぞれ対応するのは、まず第一に「因果的効果の様態における知覚」（perception in the mode of causal efficacy）であり、第二に、「現示的直接性の様態における知覚」（perception in the mode of presentational immediacy）であり、最後に、「象徴的関連づけの様態における知覚」（perception in the mode of symbolic reference）である。そして第一と第二の様態における知覚は、第三の様態における知覚によって結ばれ総合されるのである。そこに、たとえば、「林檎は木から落ちる」という文言で表現される経験が、成立するであろう。この経験は、さし当たって先ず、命題という形で言表される。命題は、ホワイトヘッドによれば、感じのための誘因である（同右、三三二ページ）。ニュートンはみずからの経験において、こうした誘因にかりたてられて、万有引力の法則の発見へと導かれたのである。そして一度、この法則が発見されると、人は林檎が木から落ちることを眼で見ることによって、この命題が自然法則に従って真であることが確認されるのである。こうした確認においては、命題はもはや命題としてではなく、判断になるのである。そして判断を通して、「林檎は木から落ちる」という現象は、万有引力の法則を例示しているという知識が生み出されてくるのである。こうして、ホワイトヘッドは命題と判断とを区別している。そして命題は、もっと適切には、「命題的感じ」と呼ばれている。「命題的感じは、超越的未来における創造的創発への誘因である」(『過程と実在』下、四七七ページ)。そしてこうした命題的感じの客体的与件である命題は、その真偽よりも「興味深いということの方が、もっと重要である」(同右、四六九ページ)。そして判断については、正邪とか真偽の区別がなされるに反して、命題は感じのための誘因であるがゆえに、こうした区別が停止されている。いずれにせよ、命題とか判断の形で表現されるわれわれの経験は、先述の三つの様態における知覚の結合において成立するのである。この問題については、後述されるであろう。

命題について、ホワイトヘッドはこう述べている。「命題は世界の創造的前進とともに成長する。それは純粋な潜勢態でもなければ、純粋な現実態でもない。それは純粋な潜勢態を含む潜勢的結合体の有り様である。それは新しいタイプの実質である」(『過程と実在』上、三二八ページ)。命題が純粋な潜勢態ではないというのは、それが永遠的客体ではないことを意味する。また、純粋な現実態でもないというのは、それが現実的実質でもないという意味である。それは永遠的客体でもなく、現実的実質でもない、新しいタイプの実質であるがゆえに、それは先に、存在の範疇の一つに数えられて、「潜勢的に決定されている事態、ないし事態を特殊的に決定するための不純な潜勢態、ないし理論」(同右、三六ページ)と定義されたのである。命題についてのこうした考えを明確にするために、ホワイトヘッドは「シーザーはルビコン河を渡った」という命題に、考察をめぐらせている。そしてこの命題が抱懐されているその場所、つまりその抱握主体である「シーザーの往年の部下の一人」が、後年、この河の堤防に坐り、「シーザーの暗殺とか、彼の眼前を静かに流れているこの小さな河をシーザーが渡ったことに想いをめぐらせて」いる場合とか、また現代の一旅人がルビコン河の堤防にすわって、過去の歴史的出来事を回想している場合とかを引き合いに出している。そして「現代のルビコン河の堤防に坐っているこの旅人によって想いめぐらされたこの命題は、シーザーの往年の部下の念頭にあるのとは、明らかに違った命題である」と言っている（同右、三四〇ページ）。これらの引用からも分かるように、ここでは命題は、その真偽が問題になる判断と違って、それを抱懐している人において、感じの誘因として働いているのである。

四　ホワイトヘッドの生命の流れに沿った知覚論は、因果的効果の様態における知覚が現示的直接性の様態におけるそれに先立つという仕方で、両者が象徴的関連づけの様態における知覚によって、統合されるところに成立することは、既に述べた。では、知覚が因果的効果の様態において成立するとは、どういうことであるか。その特徴は、何よりも先ず、眼「でもって」見るところにあるであろう。先述したように、現実的実質はその原初相において「今、ここでのわれ」として、現実世界に住まっている。それはいわば身体的自己として、現実世界にあるあれこれのものと、意識以前的に関わっている。こうした関りが眼「でもって」ということである。たとえば視覚を取って考えてみると、現実世界のうちにある或る事物が視覚に直接的に与えられるというのは、それが眼の網膜を刺激することであろう。彼はこう述べている。「かくかくの光景を経験しつつある眼は、網膜の諸細胞から、関連ある諸神経を形成する一連の現実的実質を経由して、脳髄へと引き渡される」（同右、二〇四ページ）と。こうした生理学的過程を、ホワイトヘッドは「因果的客体化」（同右、九九ページ）と呼んでいる。そして「人間経験における知覚の根本的事実は、かくかくの経験をもつ人間身体の先立つ部分の客体化を、与件のうちに含めることだ」（同右、二〇四ページ）と述べている。

身体的自己の因果的客体化と呼ばれるこうした知覚は、それが置かれている現実世界によって圧倒的に限定されているがゆえに、重厚さをもつとはいえ、曖昧で漠然としている。そしてこうした因果的効果の知覚を通して初めて、われわれは眼前の空間的広がりのなかで、事物をあれこれの性質をもったものとして、鮮明にイメージすることができるのである。後者が現示的直接性の様態における知覚である。彼は先の因果的客体化にたいして、「現示的客体化」（同右、九九ページ）を話題にしている。そして、前者が後者に先立つことを証拠だてるものとして、もしわれわれが現示的客体化により引き起こされる感覚所与を抑止すれば、それだけますます、われわれは周りの世界によりさまざまな刺激に圧倒されることを引き合いにだして、こう述べている。「なじみの感覚所与を抑止することは、因果的に働く周りの世界にかんする漠然とした恐怖にわれわれをさらしがちである。暗闇で、疑いもなく恐ろしくぼんやりと現れてくるものがある。沈黙のなかで、自然の抗しがたい因果的効果が、われわれにひしひしと迫ってくる。八月の森林地帯の、昆虫たちが低くうなり声を出している漠然さのなかで、周りの自然からいろいろな感じがわれわれ自身の中に押し入ってくることが、われわれを圧倒する」（同右、三〇六ページ）と。われわれの具体的な知覚は、こうした因果的客体化から現示的客体化への移り行きにおいて成立するのである。彼はこう述べている。「補完相の創造的力能によって、因果的効果において曖昧でぼやけ、ほとんど関連をもたなかったものが、現示的直接性において、判明でよく輪郭づけられ重要な関連をもつものとなる」（同右、三〇〇ページ）と。そしてそこには、彼が九つの範疇的拘束のうちの一つとして数えた「変異の範疇」（category of transmutation）が働いているのである。この種の範疇について、彼はこう述べている。「その現実世界にあるさまざまな現実的実質の類似する単純な物的感じから、抱握主体によって、同一の概念的感じが公平に導き出される場合には、この派生的な概念的感じを一緒に伴ったこれらの単純な物的感じの統合の後続相において、この抱握主体は、この概念的感じの与件を、これらの抱握された現実的実質をメンバーとして含むある結合体の、ないしその結合体のある部分へと変異させるかもしれない」（同右、一五ページ）と。そしてこうした変異の範疇を通して、物的なものと概念的なものとは、コントラストとして抱握主体に摂取されるのである。

物的な性格をもつ因果的効果の知覚は、曖昧で漠然としており、そしてまた、原始的として、無機物を始め植物、動物、人間などすべてによって共有されている（同右、二九九ページ）。それに反して、現示的直接性の知覚は、動物とか人間などの高度な現実的実質にのみ顕著に現れてくる知覚だ、と言ってよいであろう。前者においては、知覚主体は過去的に与えられたものにたいして呼応的順応性をもつ。他方、後者においては、過去的順応性から自からを解放して、自由において新しさを創造する、という性格をもつ。そこにおいて知覚された事物のイメージは、なるほど明晰で判明であろう。しかし「純粋な様態の現示的直接性は、過去とか未来に関して何の情報も与えない。それはたんに現在化された持続の例示された部分を現示するのみである」（同右、二九二ページ）と言われている。それゆえ、こうした様態の知覚にのみ頼るかぎり、われわれはそうした仕方で捉えられた事物のイメージに関して、それが実像であるか虚像ないし鏡像であるかを区別できないのである。これら二つの様態における知覚が、さらに「象徴的関連づけの様態における知覚」によって結びつけられなければならない必然性が、そこにある。第三の様態の知覚によって前二者がこうして結び付けられることによって初めて、われわれが眼前に空間的広がりのなかで明晰判明に見る事物のイメージが、現実世界においてわれわれの眼の網膜を刺激する外的事物と象徴的関連をもつことを、理解することができる。そしてそれが、こうした象徴的関連を持つ場合には、それは実像として、真であり、さもなければ、虚像として偽である。ホワイトヘッドは、こう述べている。「二つの様態の補完的感じにおける統合は、漠然としていたはずのものを判明にし、皮相であったはずのものを強度あるものにする。これが象徴的関連づけの混合した様態」の知覚であると（同右、三一三ページ）。そこには、漠然と判明との、皮相なものと強度あるものとのコントラストがある。

五. ホワイトヘッドは、コントラストを存在の範疇のうちに数えている。そしてこう述べている。「コントラスト、ないし諸実質を一つの抱握において総合するさまざまな仕方、ないしパターン化された実質」（同右、三六ページ）についてのこの範疇は、コントラストから「コントラストのコントラストへと進み、そして不定的にさらにより高度のコントラストへと進んでいく」（同右、三六ページ）と述べている。

絶対無の自覚の立場を標榜する西田哲学においては、周知のように、「絶対矛盾的自己同一的」ということが話題になっている。形而上学的宇宙論を展開するホワイトヘッドの「有機体の哲学」は、彼がプラトンについての一連の脚注からなっているとみなしているヨーロッパの哲学伝統（同右、六六ページ）に立脚しているのであり、「最終訴訟裁判所は、本質的合理性」（同右、六六ページ）だと述べている。彼は一方においてコントラストを、他方において論理的に相いれない矛盾を措定して、それら両者をはっきり区別している。後者は両立不可能であるがゆえに、経験のうちに同時に受容することができないのである。「両立不可能性に対立するものとしてのコントラスト」（同右、一六二ページ）をホワイトヘッドは話題にしている。西田では、絶対に矛盾するものが自己同一として、自己の経験のうちに受容されるためには、こうした自己は我の否定としての無我でなければならない、と主張されている。しかしホワイトヘッドでは、論理的に矛盾したものは、両立不可能なものとして、現実的実質への受容から拒絶される。ここに私は、いろいろな点において類似性を持つ両者の哲学思想の相違を、認めないわけにはいかない。

六．ホワイトヘッドがヨーロッパの十七、八世紀のデカルト、ロック、ヒューム、カントなどの宗教・哲学思想の影響をおおいに蒙っていることは、明らかである。しかし知覚論に関して、彼は「ヒュームならびにデカルトは直覚的認識の理論において、身体のこの『でもって』を脱落させ、知覚を現示的直接性に限局した」（同右、一三九ページ）と述べている。あるいはまた別の箇所では、ヒュームやカントにとっては、「現示的直接性が知覚の原初的事実であった」（同右、三〇一ページ）と言われている。言い換えると、彼らは認識論において、現示的直接性の様態における知覚を、ホワイトヘッドがそれに先立つと主張する、因果的効果の様態における知覚から切り離したのであり、そして後者を無視し前者を基軸にして、そこから出発したのである。デカルトは「思惟する我」に、そしてカントは「有限な理性的存在者としての我」に、それぞれ哲学の出発点を置いた。それに反して、ホワイトヘッドがこうした我に先立つ、意識以前的な「今、ここでのわれ」に出発点を求めたことは、既に述べた。前者の我が、誰でもであると同時に誰でもでない匿名的な我であるのに反して、後者は経験の主体である各現実的実質にとって「今、ここ」で具体的にある、かけがえのないユニークな我である。そしてこうしたこととの関連において、ヒュームなどが現示的直接性を知覚の原初的事実としたのに反して、ホワイトヘッドはそうした知覚様態をそれに先立つ因果的効果の知覚様態と結びつけて問題にした。

前者の立場をホワイトヘッドは「主観主義者原理」（subjectivist principle）と呼び、後者の立場を「改善された主観主義者原理」（reformed subjectivist principle）と呼んだ。

では、主観主義者原理というのは、どういう立場であろうか。すべての客観的知識は疑わしいとしても、思惟する我があるという事実は、疑を絶した真理として、そこに哲学の基軸を据えたデカルトを始めとする大陸合理論が、結局のところ陥った形而上学的迷妄から哲学を救済するため、ロックは観念の先天性を否定し、すべての観念の由来を感覚（sensation）と反省（reflection）に求めた。つまり、すべての観念は感覚と反省を通して、後天的に意識に直接あたえられる、と考えた。ロックでは、こうした意識の直接所与の原因は、意識の外に前提されていた。しかしヒュームになると、それは「未知な原因」（『過程と実在』下、五六四ページ）にまで希薄化されてしまい、結局のところ、すべての観念は感覚印象（sense-impressions）とその複写（their copies）という仕方で、意識に直接与えられるとする現象主義の立場へと徹底された。そして意識は認識主観として、意識に直接与えられたもの、つまり赤さとか甘さといった感覚諸与件——これらのものは、普遍的なもの（universals）としての「諸性質」と考えられた——を関係づけることによって、事物の知識が成立するとみなされた。しかも、これらの普遍的なものを結びつける「関係」そのものも、「観念連合」として繰り返し後天的に意識に与えられる、「繰り返しの習慣」から導き出されるに過ぎないものとして、捉えられたのである。このようにして成立する知識は、しかしながら、結局のところ、主観的確実性をもつにすぎず、ヒュームの認識論は伝統的な主観主義的感覚主義（traditional subjectivist sensationalism）（同右、四四一ページ）、という形をとってきたのであり、とどのつまり、カントが鋭く抉り出したように懐疑論におちいる外はなかったのである。

カントは雑多で多様な感覚与件が意識に直接与えられるとなす点においては、ヒュームと軌を一にしている。しかしこれら意識の直接所与を結び付ける「関係」もまた後天的に与えられるとするヒュームの考え方に懐疑論への陥穽をみるカントは、これらの関係がカテゴリー、つまり、純粋悟性概念として意識に先天的に具備されていると主張することによって、知識を懐疑論から救出して、それに客観的で普遍的妥当性を与えることができる、と考えた。たとえば、「この石は灰色である」という判断においては、意識の外にある「或るもの」――それは「物自体」として前提されながら、不可知である――が意識の感覚作用を刺激して、灰色さを始めとする種々の感覚与件が意識のうちに刻印されるけれども、意識はこれら普遍的なものを「実体―属性」というカテゴリーによって結びつけるのである。こうして、「この石」と呼ばれる実体は、灰色さなどの諸性質を自らのうちに甘受する、それ自身、自己同一的に持続する基体と考えられた。そしてそこでは、単に「知られるもの」のみならず、意識の主体として「知るもの」もまた、実体概念において捉えられたのである。特に、カントにおいては、近代的主観性による現象界の構成が話題になっているのである。そして現象界は叡智界から二元論的に区別された。ホワイトヘッドは、有機体の哲学をカント哲学の逆転とみなして、こう述べている。「カントにとっては、世界は主観から出現する。有機体の哲学にとって、主体というよりも自己超越体は、世界から出現する」(『過程と実在』上、一五二ページ)と。ヒュームやカントの哲学には、意識の立場に立つ主観—客観関係にもとづいて、事物を実体—属性において捉えようとする近代的な主観主義者原理がはっきりと認められる。ホワイトヘッドが主観主義者原理を主語—述語＝実体—属性の範疇にしたがって捉えたことは、既に述べた。

七．主観主義者原理においては、知覚は因果的効果の様態から切り離されて、過去についても未来についても何の情報も与えない現示的直接性の様態に成立するがゆえに、それは、ホワイトヘッドによれば、「現在の瞬間の独我論」を免れない。そしてなるほど、主語—述語＝実体—属性の範疇は、科学知識を産み出し、そしてそれにもとづいて科学技術を生み出す原動力になったとはいえ、諸事物を実体という仕方で、死んだバラバラなものとして捉える機械論的自然観、ならびに世界観の温床になったのであり、ホワイトヘッドが糾弾する「科学的唯物論」を産み出してきたのである。そこから今日、科学技術の負の面として問題になっているさまざまな環境汚染とか破壊が、胚胎してきているのである。そこでは、西洋の中世において認められた「自己産出、発生、ピュシス、能産的自然(natura naturans)といった、自然においてかくも優勢なあの様相」(同右、一六〇ページ)、つまり、有機体的自然観が駆逐されてしまっている。ホワイトヘッドの哲学思想は、こうした有機体的自然観をもう一度復権して、歴史の檜舞台に登場させようとする試みに外ならない。有機体的自然観が機械論的自然観にとって替わるべき必然性をホワイトヘッドに確信させたのは、ニュートン物理学の崩壊であり、そしてそれに替わって新しい量子力学が物理学的研究領域を席捲するに至ったという事情である。そこでは、「静的素材の観念は流動的エネルギーの観念に置き換えられる」(『過程と実在』下、五五四ページ)のであり、「受動的に持続し、原初的な個々の属性をもち、偶有的に冒険を試みる、空虚な物質的存在者の観念」(同右、五五五ページ)は、消滅するのである。

因果的効果の様態から切り離された現示的直接性の様態における知覚に関していうと、そこでは先にも述べたように、普遍的なものとしての感覚諸与件が特殊的なものとしての意識の主体である現実的実質のうちに受容された。言い換えると、「普遍的なものの観念が特殊的なものの記述に介入した」(『過程と実在』上、八一ページ)のである。これが従来の伝統的な哲学の立場である。これは華厳宗に特有の言い回しを使って言えば、理事無碍と言ってよいであろう。ここで、理というのは普遍的なものを指すのであり、事というのは特殊的なものを指すのである。しかしながら、こうした伝統的な立場に従えば、「特殊的なものの観念はそれ自身他のどんな特殊的なものの記述にも介入しない」(同右、八一ページ)と考えられたのである。ホワイトヘッドが因果的効果の様態における知覚を性格づける、物的抱握という概念で念頭にしているのは、実は、特殊的なものの観念が他の特殊的なものの記述に介入することに外ならない。つまり、事事無碍ということである。というのは、そこでは、ある特殊的なものとしての現実的実質が、それに先立つ客体的与件として与えられた他の特殊的な現実的実質を自己のうちに受容するからである。彼はこうした立場にたって、「普遍的なもの」と「特殊的なもの」という用語の従来の使用法に不備とか不都合を感じたがゆえに、前者を「永遠的客体」、後者を「現実的実質」という概念で言い換える必要性を痛感したのである（同右、八一ページ）。こうしたホワイトヘッドの生命の哲学が、情的知の立場に成立することは、明らかである。情的知においては、ベルグソンに見られるように、知性は情的なもの、すなわち直観と相互排除的な二者択一的関係に立つのではなく、むしろ前者は後者から導き出されるという仕方で結びつけられるのである。ベルグソンは、生命の持続への直観の立場にたって、人間知性が生命の流動を無視して、「宇宙を空間化する」ことを告発したのである（同右、三六五ページ）。ベルグソンにおいては、生命の持続への直観は時間に沿ってなされるが、それに反して、知性が問題にする領域は空間的方向に成立するのである。「ベルグソンは、世界の空間化を知性の導入した歪曲のせいにしているかぎり間違っている。この空間化はある存続物の生活史に属するすべての現実的実質の物的構造における現実の要因である」（『過程と実在』下、五七六ページ）、とホワイトヘッドは語っている。ベルグソンにもまた、時間と空間との二元論的対立がある。その結果、彼は反知性主義におちいった。ホワイトヘッドは、『過程と実在』の序文のなかで、ベルグソン、ウィリアム・ジェイムズそしてジョン・デューイなどの生命の哲学を標榜する立場に大いに負うところがあることを認めながら、自分の哲学はかれらを「反知性主義という告発から救出することだった」（『過程と実在』上、序文 iv）、と述べている理由もそこにある。

ホワイトヘッドによれば、こうした情的知の立場において初めて、事物はなんであれ、生きた有機体的全体として捉えられるのである。そして世界もまた、こうした事物の有り様を媒介にして、有機体的全体として自らを形成していくのである。こうした観点にたって、彼は「自己創造的な創られたものとしての現実的実質は、超越する世界の共同創造者」（同右、一四六ページ）と述べている。そして『過程と実在』の数年後の一九三六年に出版された『観念の冒険』では、彼は世界の自己形成の働きを「文明化」（civilization）への道筋として描いている（『観念の冒険』ホワイトヘッド著作集第十二巻、山本誠作・菱木政晴訳、松籟社、一九八八年、三七八ページ）。

八．ホワイトヘッドが延長的連続体（extensive continuum）という概念で思い描いている事態を、どのように理解したらよいのであろうか。現実的実質は、それ自身の世界に置かれて、世界によって創られながら世界を創っていくことは、先に述べた。そして、自らを創り終えると、後続者に不死的に客体化されるという仕方で移行していく。そこに当該現実的実質を中心にして、それに先立つ過去の世界と後続する未来の世界が成立するであろう。そして過去でもなく未来でもない世界が、いわゆる「時が止まる」持続において現れてくる同時的世界である。同時的世界においては、当該現実的実質は、そこに成立する数限りない同時的なもの（contemporaries）と、因果的独立性において、同じ世界を共有している。現実的実質は、「今、ここでの私」だということは、既に述べた。とすると、同時的世界においては、無数の「今」がある、といってもよいであろう。同じことを別様に言えば、同時的世界は、私にとって固有の世界である。しかし他方において、そこには、同時的なものがあるだけ世界がある、と言っても差し支えないであろう。「私の世界」を円で表すとすれば、その中心は一つしかない。しかし、同時的世界においては、無数の中心がある。このことを、ホワイトヘッドは相対性原理を引き合いにだして、説明している。ここで、任意の現実的契機Mを考えてみよう。そしてMにとって同時的な他の契機をRとSとしよう。常識的立場からすれば、RとSがMと同時的であれば、RとSも同時的なはずである。「Mと同時的なものの場所の特異性は、RとSのようなその任意の二つのメンバーが、相互に同時的である必要はないということである」（『過程と実在』下、五七三ページ）、と彼は言っている。そしてまた、「時間の古典的な前相対性の観念にしたがえば、Mを含むただ一つの持続があるであろう。そしてそれはMと同時的なもののすべてを含むであろう。現代の相対性の考え方にしたがえば、われわれはMを含む多く――実際は不定数――の持続があり、したがって、それらのうちMと同時的なすべてのものを含むものはないことを、認めなければならない」（同右、五七四ページ）、とも述べている。

西田哲学においても、同時的世界が話題になっている。彼がそれを、至るところに中心を持つ無限大の円とか球という概念で捉えた理由も、そこにある。ホワイトヘッドの有機体の哲学においては、西田と同じ用語法はみられないが、事柄はまったく同じである。彼にとっても、世界は、そこに住まっている現実的実質があるだけ、それだけ無数にある。しかも、それは一つの世界である。それは、一であると同時に多であり、多でありと同時に一である。そこに、あえて言えば、世界という概念の曖昧さがあるであろう。ホワイトヘッドはこうした曖昧さを回避するために、「世界」を「延長的連続体」と言い換えたのではないか、と私には思われる。先述した通り、世界が時間的即空間的であり、連続的即非連続的であると同じように、延長的連続体もまた時空的連続体とも言われている。「この延長的連続体は、すべての潜勢的な客体化がその場所を見いだす一つの関係的な複合体である。それは過去、現在、未来にわたって、世界の全体の根底にある」（『過程と実在』上、一一三ページ）、とホワイトヘッドは述べている。

上に述べたことを、「社会」という概念を使って別の仕方で説明することができる。現実的実質は、「今、ここでの私」であった。それは身体的自己として、それ自身の世界に置かれていた。それは先立つものによって因果的に限定され、未来的なものによって目的論的に限定されるという仕方で、自己を実現していく経験の主体であった。そして「今ここでの私」にとってそれに先立つものは、過去的な方向において遡源的にどこまでも求められていき、私の誕生に至るであろう。同じことは未来の方向に関しても言えるのであって、最終的には私の死に逢着するであろう。ホワイトヘッドによれば、私という存続物（an enduring thing）は、いわば誕生から死に至るまでの現実的諸実質の人格的社会を形成しているのである。何であれ、われわれが現実に見たり聞いたりする存続物は、現実的諸実質の社会なのである。そして、「こうした社会の最も一般的な例は、規則正しく連続する波動、個々の電子、陽子、個々の分子、無機物のような諸分子の社会、生ける細胞、植物とか動物身体のような諸細胞の社会である」（同右、一六九ページ）、と彼は述べている。

その上、社会はそれを目的論的に「限定する性格」（a defining characteristics）によって規定される。今仮に、或る現実的実質をAとしよう。Aはそれに先立つ現実的実質――それは物的なものと呼ばれている――によって因果的に限定される。そしてそうした物的なもののうちに例示された概念的なもの、ならびにそれと半ば同一で半ば相違した他の概念的なもの――それは永遠的客体であり、あるいはまた、パターン化された複合的な永遠的諸客体である――が導き出され、そしてこうした概念的なものによって目的論的に限定される。Aはこうして自らの合生過程において、物的なものと概念的なものとを「多が一になる」という仕方で統合にもたらすことによって、自己を実現する。Aの統合過程をこうして目的論的に誘導する概念的なものが、「限定する性格」と呼ばれている。Aが自己を実現し終わると、それは後続者に与件として客体化されるが、こうした客体化はこの「限定する性格」をめぐってなされるのである。言い換えると、後続者は自らに与件として客体化された物的なものを彼方のものを此方へと感じ取るという仕方で、そこに例示された概念的なものとしての「限定する性格」を導き出してくるのである。たとえば、ある先立つ契機Aが赤さなら赤さという感覚所与――それは普遍的で概念的なものであるが――をある情緒的強度をもって主体的に経験するとしよう。これがA

の「情緒の主体的形式」であり、それを限定する性格である。とすると、それに後続する契機Bにおいてもまた、その主体的形式はAのそれに順応する。そこに、「AからBへの、ある感覚所与の情緒的感じの、ベクトル的伝達がある」（『過程と実在』下、五六五ページ）。そしてBは、その合生過程において、こうして物的なものと概念的なものとを結び付けることによって、そこに命題とか判断を成立せしめるのである。そして判断を通して、自然科学的であれ社会科学的であれ、知識が成立する。

現実的実質の合生は「成る―為す―ある」の三相からなる過程であった。その際、注意すべき一事は、「為す」ということで意味されているのは、単に知識を獲得することだけではない、ということである。それは自己を創っていく倫理的行為であり、美の創造を目指す芸術的行為、社会とか国家を創っていく社会的、政治的歴史的行為でもあり、あるいはまた、神とか仏と呼ばれる究極的関心事と関わる宗教的行為でもあるのである。

そして社会は何であれ、それを取り囲むより広範な環境的社会に置かれている。こうして社会は同心円的にどこまでも広がっていく。そして社会の広がりが増大すればするほど、それを規定する「限定する性格」もパターン化されたその複合性の幕をたかめていくのである。この点について、ホワイトヘッドはこう述べている。「現実的諸実質の世界は、社会的秩序が重々層をなして、背景を形成するものとみなさるべきであり、その限定する性格は、われわれが背景を拡大するにつれて、一層広範に、一層一般的になる」（『過程と実在』上、一五五ページ）と。ホワイトヘッドは「構造化された」社会を話題にしている。最も冪を高められた「限定する性格」で規定された最も広範な社会が、延長的連続体であるように、私には思われる。ホワイトヘッドにとって、自然的世界であれ、社会的歴史的世界であれ、その構造的秩序化は、被限定即能限定的な現実的諸実質を媒介にして、それらと世界ならびに神との協同により形成されるものであり、自然界を秩序づける自然法則も、けっしてその例外ではないのである。

もしわれわれを取り囲む社会の限定する諸性格が矛盾した両立不可能な考え方とかイデオロギーに瀰漫されているとしたら、どうであろうか。それは混沌的な無秩序の状態における社会である。こうした状態においては、「任意の現実的実質に与えられたものは、定着した世界からの矛盾し対立する諸決断の結果である。混沌的無秩序が意味するのは、達成された満足において両立可能なコントラストの支配的限定が欠如していることであり、その結果としての強度の衰弱である。それは、より瑣末な現実態へ向かっての転落を意味する」(同右、一五九ページ)、と彼は書いている。そこでは、国家社会は、そしてそこでの人間の活発な生命は、凋落と枯渇へと帰趨する外はないであろう。ホワイトヘッドは、「生命は自由を求めんとする努力である」(同右、一七九ページ)、と書いている。社会の生命が枯渇する危険を回避するために取るべきわれわれの戦術は、矛盾対立したものを意識の後景に配することによって、それらをコントラストへと、あるいはコントラストのコントラストへと還元して、今度は、それらをコントラストの調和という形で、意識の前景に立ち現わせる努力をすることであろう。西田は自己を無にすることによって、絶対矛盾の自己同一としての絶対無の自覚を持つことができる、と説いたけれども、ホワイトヘッドは絶対に矛盾したものの両立不可能性を強調している。そこに東洋と西洋の思想の相違点があるように、思われる。

第五章　抱握論

一．ホワイトヘッドによれば、各現実的実質は「それにとって有るところの、その宇宙から生じる」（『過程と実在』上、一二七ページ）。それは、それが置かれた現実世界によって因果的に限定されながら――そこには物的抱握がある――、ある種の観念ないし複合的諸観念を実現すべくみずからを目的論的に限定――そこには、概念的抱握がある――することによって自己を実現していく。したがって、それは宇宙の原子化（atomization）とか、その固体化（individualization）だといわれる（同右、二八六ページ）。それは、彼方のものを此方へと受容する外ない頑固な事実としての与えられたものから出発して、それがそれであるところのものに成る。言い換えると、それは「多くの事物の公共性から個体的私性へと揺れ、私的個体から客体化された個体の公共性へと揺れ戻る」（同右、二六一ページ）。こうした諸事物の生命のリズミカルな流動には、種々の抱握の働きがある。たとえば、物的抱握、概念的抱握、命題的抱握、さまざまのコントラストの抱握などが数えられるであろう。そして抱握論には、現実的実質がいかにして客体的与件から自己を実現するかを発生的見地から考察する「発生論」と、そしてこうして自己実現し終わることによって、今度はいかにして世界の一要素としてそこに位置を占めて、その形成作用の焦点になるかを形態論的見地から考察する「形態論」とが、区別される。ホワイトヘッドは物理学の用語を使用して、前者をベクトル的、後者をスカラー的と呼んでいる（同右、二〇一ページ）。発生的抱握論は第三部で、形態論的抱握論は第四部でそれぞれ考察されている（『過程と実在』下、三九九ページ）。

二 では、知覚論と抱握論とはどのように相違しているのであろうか。私見によれば、前者は主として諸事物の知識の獲得にかかわり、後者はそうしたことのみならず、何よりもまず、自己とか社会を創り国家や世界の平和を構築し、美を造形し宗教的関心事をもつことなどの諸経験に関わっている。したがって、知覚論は抱握論の一形態といっても差し支えない、と思われる。知覚論においても、既に述べたが、ホワイトヘッドでは、主観主義者原理と異なって、事物の知識の獲得といっても、それは「今、ここでの私」としての現実的実質の自己実現と密接に結びついている。知識は実践を度外視しては、考えられない。そこでは、知行合一という性格が非常に強い。改善された主観主義者原理を主張するホワイトヘッドの知覚論が、十七・八世紀に認められた主観主義的感覚主義と根本的に区別される理由が、そこにある。後者においては、人間は意識の主体として振舞っているのであり、そして、主観―客観関係にもとづいて、意識に普遍的なものとして直接に与えられる感覚諸与件を、意識のうちで関係づけることによって事物の知識が成立する、と考えられたのである。そしてこうした知識が存在と合致するかどうかが、真偽の基準とされた。これは結局のところ、主―客の二元論の立場である。

ホワイトヘッドは、なんであれ二元論を廃して、両極性の立場を主張する。そこでは、現実的実質はその置かれた現実世界から出発して、自らを実現しようとするのであり、そして実現し終わると、後続者に客体化される。こうして、客体は主体になり、主体は客体に転じていく。そこには、現実的諸実質の「歴史的経路」（『過程と実在』上、一八七ページ）が成立するが、経験はこうした歴史的経路にそって継承されるにつれて、停滞とか凋落によって抑止されないかぎり、その強度を高めていくのである。「こうして、存続物は、継承と新しい結果とのコントラストから生ずる感じのたかめられた強度を獲得する。そしてまた、その生活史を通じて、その安定した律動的性格の結合した継承から生ずるたかめられた強度を獲得する」（『過程と実在』下、五〇四ページ）。抱握論はこうした経験――それは単に人間の経験にのみに限局されていないことは、言うまでもないことである――の多様性、つまり「純粋な物的目的の段階、純粋な本能的段階、そして知性的感じの段階という三つの段階」（同右、五〇五ページ）を、発生論的と形態論的との二つの視点から問題にしているのである。

抱握論のもう一つの特徴に言及しなければならない。ホワイトヘッドが積極的な物的抱握を「感じ」

と言い換えたことは、既に述べた。抱握論では、この感じという用語が多用されている。物的抱握が物的感じと言い換えられているのは、言うまでもないことであるが、概念的抱握が概念的感じに、命題が命題的感じに、知性による把握が知性的感じに、といった具合である。そして当該現実的実質の物的感じと概念的感じの統合をとおして成立する知識、道徳倫理的行為、美的造形、宗教的関心事などといった諸経験によって増し加えられた現実世界を、後続する現実的実質が因果的に受容する働きもまた、物的感じと呼ばれていることが、注意されなければならない。そこには、「カントの『純粋理性批判』の哲学的立場において、純粋感じ批判を構築しようと熱望している」（『過程と実在』上、一九五ページ）「有機体の哲学」の特色が瞥見される。

三．ところで、感じの複合的構造は「(1)感じる主体、(2)感じられうる最初の与件、(3)消極的抱握による除去、(4)感じられる客体的与件、(5)その主体がその客体的与件をいかに感じるかの主体的形式」に分類される（『過程と実在』下、四〇二ページ）。ここで、「感じる主体」というのは、「感じ手」（feeler）と言ってもよいであろう。それが始めから実体としてあるものではないことは、繰り返すまでもないことである。「感じられる最初の与件」というのは、感じる主体がそこに置かれている現実世界、ないし宇宙である。しかしだからといって、このことは現実世界を構成するすべての要素が公平な関連性の度合において、当該感じの主体に与件として与えられていることを、意味するものではない。感じの主体は、なによりもまず、それに直接に先立つものを「感じの感じ」(feeling of feelings)という仕方で受容するのである。そのさい、現実世界はこうして積極的に感じ取られたものを中心にして、遠近法的(パースペクティブ)な度合いの関連性において、与えられてくる。そこでは、関連性の度合いの小さいものは、消極的抱握を通して除去される。最初の与件のうちでこうして除去された残余が、「感じられる客体的与件」である。したがって、「最初の与件は、感じの客体的与件であるパースペクティブの下で、感じられる」(同右、四二二ページ)、といわれるのである。「主体的形式」というのは、感じの主体が、客体的与件をいかにして感じるかの仕方である。意識は、こうした主体的形式の一つにすぎない。主体が客体的与件を彼方から此方へとベクトルとして感じ取るとしたら、それは物的感じと呼ばれる。この物的なもののうちに例示された永遠的客体を、そしてそれと半ば同一で半ば相違した他の永遠的客体を感じ取るとすれば、それは概念的感じと呼ばれる。そしてその合生過程において、物的感じと概念的感じとのコントラストを統合するとすれば、それは命題的感じと呼ばれるであろう。

ホワイトヘッドによれば、命題は経験の強度を未来に向かって教導する誘因として働く。そして、命題的感じと未来的感じとの統合としての比較的感じが、知性的感じと呼ばれる(同右、四八一ページ)。知性的感じには、「意識的知覚」と「直観的判断」の二種が区別される(同右、四八一ページ)。ここで意識的知覚というのは、主観—客観関係にもとづいて、意識に直接与えられた感覚諸与件を、知覚作用を通して関係づけることによって、事物を対象的に捉える主観主義者原理が意味されている、と思われる。「一つの基底的な感じがあり、そこから一連の感じ全体が当の主体にとって生起する。この物的感じから知覚的と称される種類の命題的感じが生ずる。意識的知覚は、知覚的感じとこの原生的な物的感じとの統合から生ずる比較的感じである」（同右、四八五―四八六ページ）、とホワイトヘッドは述べている。

「意識は、われわれがいかにして、肯定―否定コントラストを感じるか」（同右、四四三ページ）の仕方である。動物が本能に従って環境に適応しながら生きている限り、意識は発動しない、と思われる。なぜなら、そこには習慣にもとづく過去の繰り返しの再演のみがあるからである。人間の経験に認められるように、こうした過去の繰り替えしの再演が否定されて、つまり、それを越えでて、未来に向かって自由において新しさを創造していくとき、意識が登場する。しかし、ホワイトヘッドは、本能と意識とのあいだに程度の差があるとはいえ、質的区別を認めていない。動物にも、本能を越えでて知性に向かっての閃きが認められる。「生命は自由に向かっての努力である」（『過程と実在』上、一七九ページ）、と彼は書いている。今日の動物学研究は、ある種の動物の生態のうちに、カルチュアの学習を認めている。また、人間経験が意識と密接に結びついているがゆえに、人間のみが陥る陥穽がある。それは因果的効果の様態における知覚が忘却されて、現示的直接性の様態における知覚のみに照明があてられる結果、十七・八世紀の認識論において主観主義的感覚主義が瀰漫するに至った点に認められる事態である。そうした事態の批判を踏まえて、改善された主観主義者原理でホワイトヘッドが主張しようとしたのは、現示的直接性における知覚は、人間が他のすべてのものと共有している因果的効果の様態における知覚に先立たれていることを、闡明にすることであった。

ところで、抱握の議論をさらに煩瑣にするのは、ここに想像的感じが介入してくるからである。直観的判断の事例においては、「表示的感じと物的想起という、二つのはっきりと区別された物的感じがある」（『過程と実在』下、四九〇ページ）、と彼は書いている。そしてそこで述語として機能するのは、第一次的には概念的価値づけの範疇にしたがって、そして第二次的には概念的転換の範疇にしたがって、物的想起から導き出されてくる（同右、四九〇ページ）。「直観的判断についての要約的分析は」、と彼は書いている、「(1) 物的想起と表示的感じ、(2) 物的想起から派生した述語的感じ、(3) 述語的感じと表示的感じの統合により導き出された想像的感じ、(4) 想像的感じと表示的感じとの統合により導き出された直観的判断である」（同右、四九二ページ）。

このようにして、ホワイトヘッドによれば、「合生過程は、主体的諸形式によって制御された諸感じの漸進的統合である」（同右、四二四ページ）。たとえば、「林檎は木から落ちる」というのは、ニュートンの経験にとっては、命題的感じとして働いているのであり、この命題的感じは、「木から落ちる林檎」という表示的感じと結びついて、彼の人格を形成する現実的諸実質の歴史的経路にそって、その経験の強度が深められるにつれて、この「木から落ちる林檎」には万有引力の法則が働いている、という直観的判断となって結実するのである。

四「物的目的は知性的感じのタイプよりも原始的な比較的感じの一タイプである」（同右、四九八ページ）、とホワイトヘッドは書いている。ここで、「物的目的」（physical purpose）という概念によって意味されているのは、石なら石という無機物が持つ経験である。彼は先述の知性的感じよりも単純な物的感じが成立する一連の段階に言及して、こう述べている。「⑴物的感じがある、⑵物的感じの原生的な概念的相関者は、範疇的条件ivにしたがって、産み出される。⑶この物的感じは、その概念的相関者と統合されて物的目的を形成する」（同右、四九九ページ）と。ここで、「範疇的条件iv」というのは、既に述べられた「概念的価値づけの範疇」のことである。この範疇は、物的感じに例示された概念的なものが、そこから第一次的に導き出されることを述べている。ホワイトヘッドが無機物といえども生きたものであり、その心性が皆無ではない、と主張していることは、既に述べた。従来の物質観によれば、物質は因果法則に支配された死んだものとみなされた。しかし原因―結果の関係においては、原因と結果とはそのリアリティに関して、決して同等ではない。後者は前者に対して、より以上のものとして、それを越え出ていくのである。こうして、たとえば、石という粒子的社会を構成する現実的諸実質は、先立つものから後続するものへの原因と結果という形での移行において、因果的限定を越えでてそこから解放される自由を保持している、といえるのである。このことは、因果法則が未来永劫にわたってその支配権を行使するものだ、とする従来の自然法則の見方の否定である。こうした否定の考え方は、自然法則というものが、数限りない事例から統計的に導き出された蓋然性をもつにすぎない、とする物理学者の見解とも一致する。そして、原因から結果への移行がそれに即してなされる時間は、ホワイトヘッドによれば、「再生的であるとともに、累積的」（同右、四三四ページ）でもあるのである。したがって、石を構成する現実的諸実質は、時間にそって瞬間から瞬間へと移行していくにあたって、先行者と後続者との関係は、人間などの知性的感じにおけると同じように、そこでもまた累積的かつ非対称的と言わなくてはならない。

ここで、思い起こすのは、ハイゼンベルクの「不確定性原理」である。無機物はなんであれ、エネルギーに還元されるが、エネルギーを構成する最小の粒子に関して、彼はその位置と運動量を同時に計測することができない、と主張したのである。言い換えると、その位置を計測しようとすれば、運動量に変様を与えるし、逆に、その運動量を計測しようとすれば、位置に変様を与えることになる。このことは、哲学的にいえば、素粒子の計測に関して、われわれ測定者は、従来考えられていたように、単に傍観する観察者つまり観客としての振舞いに終始しているのではないことを意味する。そうではなく、われわれは、観客であると同時に主役であり、主役であると同時に観客でもある、ということである。このことをホワイトヘッドは、「われわれが共通の世界のうちにあるのは、能動者と受動者という二重の役割において」（同右、五六六ページ）だ、とする文言によって示唆しているように、思われる。そしてこのことは、知覚論でも既に述べたように、われわれは主―客の関係ですべてを固定的に処理するのではなく、主は客になり、客は主に転じていくとなす考え方と、一脈相通じるものがあるのである。なぜなら主というのは「見るもの」つまり観客であり、客というのは「見られるもの」つまり主役として演じているからである。ここには、二元論がではなく、両極性の立場が働いているのである。このようにして、ホワイトヘッドによれば、無機物といえども両極性に服する生きた経験を持つものとして、人間を含めてすべてのものに適用される、現実的実質という概念で一元論的に記述される理由が、そこにあるのである。「物的目的」が話題になるとき、伝統的立場では、そもそも物的なものが目的をもつというのは、形容矛盾に外ならないが、先に述べたことを考慮すれば、それは決してそうではなく、ホワイトヘッドによれば、それは有意味的な言い回しであることが、分かるのである。

五．では、「ひずみ」（strain）という概念によって何が言及されているのであろうか。先述したように、ホワイトヘッドの「改善された主観主義者原理」にもとづく知覚論においては、因果的効果の知覚様態は現示的直接性の知覚様態に先立つのである。視覚を例にとれば、それは「眼でもって」ということである。そこでは、眼なら眼という感覚器官をそなえた身体的自己が、さまざまな事物がある現実世界に置かれているのである。そして、ある外物が眼の網膜を刺激するとき、こうした刺激がさまざまな神経経路を通って脳に伝達されて初めて、われわれは眼前の空間的広がりのなかで、さまざまな性質を伴った事物の明晰で判明なイメージを、持つことができるのである。このことをホワイトヘッドは、こう述べている。「常識、物理理論そして生理学説は、相俟って、現実的契機から後続する現実的契機への、最初は物的に外の環境において、次いで生理学的に視覚的与件の場合、眼を経て、神経を通り脳髄への継承の歴史的経路を指摘している。――それによって、（前期の契機とほとんど同じ）後期のある契機は、現示的直接性の知覚様態において、『眼のひずみ』という感覚所与によって例示される」（『過程と実在』上、二九八ページ）と。

因果的効果の知覚様態が先行するという事実を忘却した、十七・八世紀に瀰漫したいわゆる主観主義者原理においては、点とか線とか面といった幾何学的諸関係で規定された空間的広がりのなかで展開する、現示的直接性の様態において捉えられた事物の知覚においては、「ひずみ」は問題にならないであろう。「まっすぐな場所とか平坦な場所に関わる幾何学的事実は、現実的実質の感じを性格づける公共的事実である。そこでたまたま、この宇宙時代において、これらの幾何学的事実を含む感じが圧倒的重要性を持つことが起こる。与件に例証される形式が幾何学的で、まっすぐで、平坦な場所に関わっているような感じは、『ひずみ』と呼ばれる」（『過程と実在』下、五五六ページ）、とホワイトヘッドは書いているが、「ひずみ」が起こるこうした知覚様態は、それに先立つはずの因果的知覚様態に伴われていることが、銘記されなければならない。したがって、「測定」という手続きも、こうしたひずみを度外視しては、不可能だと思われる。

門外漢の私には、確信的に言えることではないのであるが、アインシュタインの「相対性原理」も、ハイゼンベルクの「不確定性理論」も、こうした「ひずみ」理論を顧慮することによって、成立してくるのではなかろうか。「現示的直接性の様態における知覚は、ただ『でもってということ』に依存するのであり、そして外の同時的世界を、『身体』との体系的幾何学的関係に関してのみ示すにすぎない」(同右、五九六ページ)、と彼は書いている。たとえば、Aという現実的実質により開かれた同時的世界において、Aと同時的な他の任意の二つの現実的実質をPとQとすると、AがPとQと同時だとしても、PとQとは必ずしも同時ではないといわれるのも(同右、五七三ページ)、相対性原理と結びついている事柄であり、「ひずみ」を度外視しては、考えられないことであろう。

第六章　ホワイトヘッドの宗教思想

一．現実的実質はそれ自身の世界に住まいながら、それによって因果的に限定される。そしてさらに、物的なものに例示された概念的なものによって、そしてそうした概念的なものと半ば同一で半ば相違した他の概念的なものによって、目的論的に自らを限定していく。こうして被限定即能限定的に自己を実現し終わると、その主体的直接性は「蒸発し」て、消滅するとはいえ、それは、今度は、後続するものに与件として客体化される。そこには、「多が一になり、一つだけ増し加えられる」という文言によって表現された、世界と現実的実質——経験主体としての人間——とのダイナミックな関係がある。こうした関係において、人間経験の合生過程には、概念的なもの、つまり、永遠的客体ないしパターン化された永遠的諸客体の進入（ingression）がある。ホワイトヘッドによれば、永遠的客体の合生過程への進入は、「神の原初的本性」（primordial nature of God）を度外視しては、考えられない。というのは、ある永遠的客体がある現実的実質の合生過程に進入するというのは、それを頂点にして他のすべての永遠的客体が当の現実的実質にパースペクティブな度合の関連性において関りをもってくることを意味するが、これらの永遠的客体は、神の原初的本性のうちに概念的に抱握されているからである。原初的本性においてある神の「主体的形式は、現実態の各契機にたいする永遠的諸客体の相対的関連を決定する価値づけである」(『過程と実在』下、六一三ページ)、と彼は書いている。

ここに、既に言及したことではあるが、ホワイトヘッドの哲学体系に一つの齟齬があらわれてくる。というのは、彼は一方において、現実的実質の合生過程を目的論的に教導する概念的なもの、つまり、永遠的客体は当の経験主体によって、それに先立つ物的なものに例示されたものから経験的に導きだされる、と述べながら、他方において、それは「最初の主体的指向」という形で、原初的本性における神から由来する、と述べているからである。しかしこれは、彼の哲学体系から排除されるべき両立不可能な矛盾ではない、と私は考える。なぜなら、概念的なものが現実的実質の合生過程に進入するその都度、その「現場に」(on the spot)、原初的本性における神が内在する、と考えて差支えないからである。

ところで、ホワイトヘッドによれば、「神はすべての形而上学的原理にとっては、それらの崩壊を救うために呼びだされた例外として取り扱われるべきではない。神は形而上学的原理の主要な例証である」(同右、六一二ページ)。神が形而上学的原理の崩壊を阻止する「間に合わせ」として呼び出された deus ex machina ではなく、形而上学的原理の例証である以上、神は「有機体の哲学」では、現実的実質だといわれているのだから、有限な現実的実質について言われていることは、前者についても、妥当しなければならない。とすれば、現実的実質は何であれ、原初的、補完的、自己超越的な三つの相から成っているのであるから、神もその例外ではありえない。神の原初相は、原初的本性と呼ばれる。神の本性のこうした側面は、「自由で、完全で、原初的で、永遠的」であるが、「現実的には欠如的で、そして非意識的」（同右、六一五ページ）だ、と言われている。なぜ、欠如的で非意識的なのか。それは、有限な現実的実質の物的極が概念的極との結びつきを欠いている場合、欠如的で非意識的だといわれると同じ意味において、そう言われているのである。神は「原初的であると同様、結果的で」（同右、六一四ページ）もなければならないのである。神の結果的本性とは、何であろうか。神の結果的本性については、こう述べられている。それは「時間的世界から派生した物的経験とともに生じ、それから原初的側面との統合を獲得する。それは限定され、未完であり、結果的で、『永続的』であり、十全に現実的かつ意識的である」（同右、六一五ページ）と。そして原初的本性と結果的本性とが統合されることによって、神もまた自己を実現し終わると、そこに神の自己超越的本性（superjective nature of God）が成立する。

二　有限的な或る現実的実質が物的なものと概念的なものとを統合にもたらすことによって、自己を実現し終わると、後続者に客体化されることは、既に述べた。この場合、客体化はすくなくとも三つの意味をもっている。第一に、後続者の記憶のうちに保持されることであり、第二に、世界の形成作用の焦点としてその一要素になることであり、第三に、神の記憶に保持されることである。有限者の記憶と異なって、神の記憶は無限であり、神は保持すべきものは何でも、自らのうちに保持する。それは神の救済ということであり、こうした救済は「愛の神」に帰趨する、といわれている。ホワイトヘッドでは、客体化が「不死的客体化」(immortal objectification) とか「客体的不死性」(objective immortality) を得る」と言い換えられている理由も、そこにある。つまり、客体化というのは、自己に死して他者に生きる、あるいはまた、自己に死して神に生きるという、いわゆる死復活を意味する。神の結果的本性というのは、自己を実現し終わった或る有限な現実的実質を、そしてまた、それによって「一つだけ増し加えられた」世界を、みずからの記憶のうちに保持する神である。こうした神は、ある有限な現実的実質を、そしてまた世界を、物的に抱握するその結果として成立するがゆえに、「結果的本性」と呼ばれる。それは、世界が「神のうちに客体化される」ことであり、「世界の神にたいする反作用である」(同右、六二五ページ)。こうして、神はその原初的本性と結果的本性とが統合にもたらされることによって、意識的となる。「神の本性は両極的である。神は原初的本性と結果的本性をもつ。神の結果的本性は意識的である」(同右、六二五ページ)、とホワイトヘッドは書いている。

では、神の第三の自己超越的本性について、述べてみよう。「普遍的相対性の原理は、神の結果的本性で停止されるべきではない。この本性自身は、さまざまな合生しつつある契機へのその関連の度合に応じて、時間的世界へと移行していく」(同右、六二五ページ)、と彼は述べている。こうした神のあり方が、その自己超越的本性である。それは神が世界に自らを与えてくるその自己客体化である。神の結果的本性においては、流動する世界は神の永続性(everlastingness)のうちに摂取救済される。それは神の愛の証しである。そのうえ、神の愛はそこに尽きるのではなく、世界を救済しながら、ふたたび世界に自らを与えてくる。このことをホワイトヘッドは、「この世において為されるものは、天国の実在性へと転換され、天国の実在性は逆に、この世へと移行していく。こうした交互関係のゆえに、この世の愛は天国の愛に移行し、そしてふたたび、この世に還流する。こうした意味で、神は偉大な仲間――理解ある一蓮托生の受難者――である」(God is the great companion... the fellow-sufferer who understands)(同右、六二五ページ)、とホワイトヘッドは感動を込めて書いている。

ホワイトヘッドは、ここで神の世界への客体化を話題にしている。ここにもまた、多くのホワイトヘッド学者は、彼の哲学体系上での齟齬を問題にしている。というのは、時間的な現実的実質の客体化は、それが消滅して「存在である」ことを前提にするにもかかわらず、神は決して消滅しないからである。神は他の有限な現実的実質と異なって、現実的契機とは呼ばれない理由が、そこにある。神は永続的といわれる。消滅しないものが、自らを後続者に客体化するというのは、彼の哲学体系から言えば、矛盾である。なるほどここには、彼の緻密に組み立てられた体系に、ある種の瑕疵が認められるであろう。しかし彼は先ほどの引用文からも分かるように、普遍的な相対性原理に訴えている。

当面問題になっているのは、神と世界と人間の三者のデイナミックな関係である。そしてそこには、「多が一になり、一が多になる」という仕方での多と一との交互関係を通して、創造性がすべてを貫いて働いている。こうした創造性が普遍的な相対性原理の基礎に働いている。神は、ホワイトヘッドによれば、創造性の最初の被造物である。ということは、多と一を通しての創造性の働きが、いつも神を通して働く、ということである。こうした創造性の働きに貫かれているがゆえに、神は原初的本性と結果的本性とを統合にもたらし、自己を実現するその都度、そこに停止することをせず、ふたたび自己を世界に与えてくるのである。「神はいっさいの心性の無限な根拠であり、物的諸多性を探し求めるヴィジョンの統一性である。世界は有限的なものの諸多性であり、完成された統一性を探し求める諸現実態である。神も世界も、静的な完成には達しない。両者は究極的な形而上学的根拠、つまり新しさへの創造的前進に掌握されている。それら神と世界のうちいずれも、他方にとっての新しさの道具である」（同右、六二一―六二二ページ）。神が概念的なものと物的なものとを統合にもたらし、自己を実現するその都度、他の有限な現実的実質と異なり、「消滅せず」、にもかかわらず、自己を再び世界に向かって客体化してくるとホワイトヘッドが考えている理由は、以上のように解釈されるであろう。

三．世界と現実的諸実質の諸多性との「創り、創られる」関係には、流動がある。ホワイトヘッド

は、被限定即能限定的に自らを創っていく現実的諸実質を媒介にして創造的に前進していく世界を、常に話題にしている。しかしこうした世界の流動は、神の永続的な恒常性を度外視しては、成り立たない。「進歩の術は、変化のただ中に秩序を維持することであり、秩序のただ中に変化を維持すること」(同右、六〇四―六〇五ページ)、と彼は書いている。そして「宗教問題の最も一般的な公式化は、時間世界の過程が他の現実態の形成に移行し、新しさが喪失を意味しない秩序において、結び付けられるかどうかの問題である」(同右、六〇七ページ)、とも述べている。神は、世界の流動と絶えず関わる、世界における恒常性の要素である。神はこうした意味で「永続的」であるが、永続的(everlasting)は、「永遠的」(eternal)と区別されなければならない。「永遠的」は、流動する世界を超えでる超越的領域に関わっている。もし神が永遠的と性格づけられるとすれば、そこでは、恒常性と流動とは二元論的に区別されることになろう。

従来、神は「永遠的」として性格づけられてきた。アリストテレスが神を「不動の動者」という言い回しで描写したのが、その典型である。神は自ら動かずして、したがって動く世界に超然として存在しながら、他のすべてのものを動かす原動力であった。そしてホワイトヘッドによれば、こうしたギリシャ的な神観念が「エジプト、ペルシャ、そしてローマの皇帝のイメージにかたどって作られた」(同右、六一〇ページ)キリスト教の神と結びついて、西欧世界をずっと支配し続けてきたのである。この点について、ホワイトヘッドはこう述べている。「『不動の動者』としての神の観念は、少なくとも西欧思想に関するかぎり、アリストテレスに由来する。『勝義にリアル』としての神の観念は、キリスト教神学好みの説である。これら二つの神観念が結合して、根源的で、勝義にリアルな超越的創造者――その命令一下、世界が成立し、それが課した意志に世界が服従する超越的創造者、の説になる」（同右、六〇九―六一〇ページ）と。そして、世界を無から創造するこうした「独裁者」というイメージをもった神観念が、「キリスト教とイスラム教の歴史に悲劇を注入してきた誤謬」（同右、六〇九―六一〇ページ）だ、と彼は断言している。

四　ホワイトヘッドによれば、独裁者としての神観念が由来する根本の原因は、宗教の歴史において、恒常性と流動性とが二元論的に対立させせられてきたところに、見いだされる。「流動と恒常性との悪分離は、欠如的実在性を伴う全面的に流動的な世界との関係において、勝義の実在性をもった全面的に静的な神の観念に導いていく」（同右、六一八ページ）、と彼は書いている。恒常性と流動とは、二元論的に対立したものと考えられるべきではなく、むしろ宗教における根本問題は、それらがいかにして両極的に関係づけられうるかを解決することである。この点について、ホワイトヘッドの言葉に耳を傾けてみよう。彼は、こう述べている。「文明化された直観は、常に、この問題を漠然とであれ、単一的なものとしてではなく二重的なものとして把握してきた。そこにあるのは、流動性と恒常性というたんなる問題ではない。そこでは、恒常性を伴った現実態（「原初性における神」―引用者注）は、流動性をその完成として要求し、そして流動性を伴った現実態（世界におかれて、創られながら創っていく有限な現実的実質―引用者注）は、恒常性をその完成として要求するという二重の問題がある。この問題の前半が関わるのは、神の結果的本性が時間的世界から導きだされることによる、神の原初的本性の完成である。この問題の後半が関わるのは、『永劫に消え去る』を欠いた、つまり『永続的』な客体的不死性の機能による、各流動的な現実的契機の完成である」（同右、六一九ページ）。

神と世界、ないし、神と現実的実質、つまり人間とは、「コントラスト化されて対立するもの」（同右、六二〇ページ）として、「要求し合っている」（同右、六二一ページ）。西田幾多郎は、神と世界とは、あるいはまた、神と人間とは、「逆限定」とか「逆対応」という仕方で接している、と述べているが、この問題についてのホワイトヘッドの考え方は、西田と驚くほど近似している。ホワイトヘッドは、こう述べている。「神にとって、概念的なものは物的なものに先立ち、世界にとって、物的極は概念的極に先立っている」（同右、六二〇ページ）。「神の本性においては、恒常性が原初的であり、流動は世界から派生する。世界の本性においては、流動が原初的であり、恒常性は神から派生する。また、世界の本性は神にとって原初的与件であり、そして神の本性は世界にとって原初的与件である」（同右、六二一ページ）と。そしてまた、「どんな点においても、神と世界とは、それらの過程に関して相互に逆に動く。神は原初的には一である。つまり、神は多くの潜勢的形式が関連している原初的統一性である。過程において、神は結果的諸多性を獲得し、原初的性格はこうした諸多性をそれ自身の統一性へと吸収する。

世界は原初的には多である。つまり、物的有限性を伴った多くの現実的契機である。過程において、それは結果的統一性を獲得する。こうして神は、世界が多にして一とみなされうるとは逆の意味で、一にして多とみなされうる。いっさいの宗教の基礎である宇宙論の主題は、永続的統一性へと移行する世界の力動的努力の物語であり、そして世界の多様な努力を吸収することにより、完成の目的を達成する神のヴィジョンの静的威厳の物語である」（同右、六二二ページ）とも書いている。一方において、神は現実的契機が、したがってまた世界が、物的なものと概念的なものとを統合にもたらすことによって自己を実現することに寄与し、他方において、現実的契機は、そしてまた世界は、神が原初的本性と結果的本性とを統合にもたらすことによって自らを実現することに貢献するのである。そこには、神と現実的契機との、そしてまた、神と世界との絶えざる交互限定が成立する。

現実的契機はその現実世界におかれて、物的なものと概念的なものとをその合生過程において統合にもたらすその都度、後続者に移行していく。そのさい、こうした統合過程を目的論的に教導する概念的なものは、「最初の主体的指向」という形で、「原初的本性における神」から由来する。ということは、神はその原初的本性において、その都度、世界に、したがってまた、当の現実的契機に内在する、ということである。この現実的契機はこうした「主体的指向」に導かれて、自らを実現し終わると、なるほど、その主体的直接性は「蒸発する」とはいえ、世界の自己形成に寄与すると同時に、神の記憶に保持される。このことは、神が現実的契機を、そしてそれを通して世界を、自らのうちに摂取する、ということである。それが神の結果的本性である。神はその結果的本性において、世界を超越する。なぜなら、世界を自らのうちに吸収している神は、それを超越しているのでなければならないからである。こうして、「究極的な創造の目的」（同右、四五三ページ）に掌握されて、神と世界とは対照的に対立するものとして、要求し合っているのである。こうした両者の関係こそが、恒常性と流動との両極性が意味する事柄である。そこから、あの人口に膾炙したホワイトヘッドの文言が出てくる。彼はこう述べている。「世界が神に内在するというのは、神が世界に内在するということと同じく、真である。神が世界を超越するというのは、世界が神を超越するということと同じく、真である。神が世界を創造するというのは、世界が神を創造するということと同じく、真である」（同右、六二〇ページ）と。

五　神は世界に内在すると同時に、超越し、超越すると同時に、内在する。こうした神は、ホワイトヘッドは明言していないにもかかわらず、「万有在神論的、ないし万有在神教的」（panentheistic）という概念で描写されて、差し支えないであろう。万有在神論的神は、世界を無から創造し、自からはこうして創造した世界に超然として存在する、伝統的なキリスト教的神観とは区別されなければならない。ホワイトヘッドにとって、世界は神により無から創造されたのではなく、それはさしあたってまず、神に与えられたものとしてあるのである。そして、創造的に前進しつつある世界の自己形成は、対照的なものとして要求し合っている神と現実的契機との、協同の産物なのである。万有在神論的神は世界に内在するがゆえに、世界のいたるところに在るといえると同時に、世界に超越するがゆえに、世界のどこにもない、といわなければならない。こうした意味で、万有在神論は、神が世界のいたるところに在り、世界こそが神だ、と主張する汎神論（pantheism）とも区別される。というのは、後者においては、神が世界のどこにもない、とはいわれないからである。

以上述べてきたことからも明らかなように、ホワイトヘッド的な神は、彼の「形而上学的原理の主要な例証」（同右、六二二ページ）であることが、分かる。したがって、イスラム教とかキリスト教がしばしばそう考えられてきたように、神が自らの意思を或る特定の歴史上の人物を通して、突如として、彼方から此方へと示してきたと主張する啓示宗教とは、撰を異にしている。ホワイトヘッドの形而上学的原理というのは、先述の通り、究極的な創造の目的に貫かれて、神と人間とが協同で世界の自己形成作用に貢献していく宇宙論的物語を展開しているのであるから、彼の神観は、そこで働く、神と人間を含むもろもろの事物、つまり現実的諸実質、に体現された智慧を例証している、と言ってよいと思われる。こうした宗教思想は、啓示宗教としてではなく、自然宗教として性格づけられるであろう。それはちょうど仏教において、仏陀の教え、つまり仏法が、諸事物の本性に宿る智慧を表現している、と主張されたと同じことである。

ホワイトヘッドは、キリスト教の宗教伝統のなかに、独裁者とか専制君主というイメージで抱懐された神とは別に、ガリラヤの起源に根ざす「愛の神」を見出している。そしてこう述べている。「それが強調するのは、統治するシーザーでも、呵責ない道徳家でも、不動の動者でもない。それは世界のうちで、ゆるやかに、そして静謐のうちに愛によって働く優しい要素に依拠する」（同右、六一一ページ）。彼は『形成途上の宗教』では、前者をパウロ並びにパウロ主義の神学思想に帰着させ、後者をナザレのイエスの生活と思想に体現されている、とみなしている。そして、前者を否定し、後者を肯定している。しかし、とは言っても、ホワイトヘッドは、「イエスはキリストなり」と信仰告白し、イエス・キリストを神の啓示として信奉する伝統的な啓示宗教の立場を許容した、と解釈すべきではないであろう。そうではなく、ホワイトヘッドが標榜する「有機体の哲学」では、神は終始「愛の神」として描かれ捉えられていることが、銘記されなければならない。こうした意味において、ナザレのイエスがその生活と思想において証ししている愛の神は、ほかならぬホワイトヘッドの哲学体系にこそ例証されている、と考えなければならないのである。そして、イエスが神の愛を証するというのは、われわれが現実世界におかれて被限定即能限定的に自らを創っていくさまざまな行為を通して、世界の形成作用に貢献していくその都度、神の愛を証しすることと比較して、その間に天地雲泥の差があるとはいえ、それは程度の相異であっても、質的相違ではないのである。ホワイトヘッドは、人間イエスを常に念頭に思い描いていることが、注意されなければならない。

六．われわれはホワイトヘッドの宗教哲学思想のなかに、諸宗教間の、特にキリスト教と仏教との対話を促すような誘引を見出すことができる。彼の思想の解明と普及伝播を趣旨として、カブ教授などを中心として、北米のクレアモント市に設立された「プロセス・センター」において、いわゆる宗教間の対話が活発に展開されているのは、けっして理由のないことではないのである。ホワイトヘッドの宗教思想がキリスト教に依拠していることは、確かである。しかし、彼は正統派的キリスト教神学が主張するように、イエスがキリスト、つまり救済者であり、「神の子」として神の啓示であり、そして「神—人」として、神と人間とのあいだを執り成す仲保者だという啓示宗教の立場に立ってはいない。キリスト教神学によれば、後者の立場は、特殊啓示と呼ばれる。特殊啓示の立場において、われわれが神に至り、神を知りうる道は、イエス・キリストを通して以外にない。もしホワイトヘッドが特殊啓示に固執しているとすれば、われわれはかれの宗教思想のなかに、宗教間の対話を促す誘引をけっして見出すことはできないであろう。そうではなく、ホワイトヘッドによれば、神はなによりもまず、かれの哲学体系の例証者なのであり、愛の体現者なのである。彼は、先に述べたように、自らの思想と言行において、十字架の死に至るまで神に随順し神の愛を実践しているナザレのイエスの立場を肯定しているのに反して、「イエスはキリストなり」との信仰告白に固執しているパウロならびにパウロ主義の立場を拒否している。キリスト教神学は、特殊啓示に対して一般啓示の立場をも主張しているが、ホワイトヘッドはむしろ一般啓示の立場に立っているといって、差し支えないと思われる。

キリスト教の歴史に終始伏在する仲保者主義の立場を端的に性格づけるとすれば、われわれはそこでは、イエス・キリストが神の唯一の啓示だ、との主張が首尾一貫して保持されている、といってよいであろう。しかもここで、仲保者主義に関してもう一つ指摘すべきことは、もしキリスト教がそれを唯一の真理としてそれに固執するとすれば、他の諸宗教との通約性が失われ、対話の可能性もおぼつかなくなる、ということである。啓示宗教を標榜するキリスト教が、内にあっては異端邪説にたいして全く不寛容で、厳しく糾弾し、宗教裁判とか魔女狩りを通して激しく迫害するとともに、外にあっては、十字軍とか宗教戦争を通して、他宗教とか他宗派と熾烈な対立闘争を繰り返してきたことは、決して故なしとしないのである。特殊啓示の立場に立つキリスト教において、神が世界を無から創造した「独裁者」というイメージで抱懐され、そしてこうした神観念が「キリスト教とイスラム教の歴史に悲劇を注入してきた誤謬だ」、とホワイトヘッドが断言している理由もそこにある。

他方において、一般啓示においては、神は自らの意志を、イエス・キリストを通して以外に、さまざまな他のものを通して、たとえば、人間の理性を通して（トーマス・アクイナスやカント）、人間の歴史を通して（アウグスティヌスやヘーゲル）、自然の秩序を通して（ニュートン）、経済現象を支配している秩序と法則を通して（アダム・スミス）、あるいはまた、諸事物の自然本性を通して（モンテスキューやホワイトヘッド）人間に示してくる、となす考え方である。こうした一般啓示を強調する立場においては、人間が理性とか歴史とか、自然現象の秩序とか、諸事物の本性を通して、直接神と接し神を知りうる接点が拓かれてくることは、当然のことである。そして、こうした考え方を標榜する立場が、キリスト教神学において、理神論とか、あるいはまた、人本主義的な自然神学とか歴史神学と呼ばれてきたのである。

『ロマ書』の著者であり、「イエスはキリストなり」と信仰告白することによって罪びとである人間は救われるのだ、ときっぱり宣言したパウロが特殊啓示を金科玉条としている、というのがホワイトヘッドのパウロ観であることは、先に述べた。しかしわれわれは、パウロが同じ『ロマ書』のなかで、一般啓示を示唆するような、次の文言を綴っているのを、決して忘れてはならない。彼はこう述べている。「神について知りうる事柄は、彼ら（人間のこと―引用者注）には明らかであり、神がそれを彼らに明らかにされたのである。神の見えない性質、すなわち、神の永遠の力と神性とは、天地創造このかた、被造物において知られていて、明らかに認められるからである。したがって、彼らには弁解の余地がない」（新約聖書『ロマ書』一章一九―二〇節）と。このように考えてくると、パウロの宗教思想において、そしてまた、それ以後のキリスト教の歴史において、なるほど特殊啓示にはっきり力点が置かれているとはいえ、その当初から特殊啓示と一般啓示の二つの立場が基調音をなしていることが、分かるのである。

ナザレのイエスの思想と言行において証された神をわれわれ人間にとっての「偉大な仲間――理解

ある一蓮托生の受難者」と唱えるホワイトヘッドが特殊啓示ではなく、一般啓示の歴史的伝承のもとに立っていることは、明らかである。北米において、ホワイトヘッドのプロセス思想にもとづいて機関誌 *Process Studies* を主催し、八面六臂の活躍をしているカブは、ホワイトヘッドのこのような立場に触発されて、『対話を超えて』と題する著作を執筆している。彼はその書物において、仏教とキリスト教との比較研究に関して、M・ブーバーの対話主義を踏襲しながら、さらに百尺竿頭一歩を進めている。かれは対話を通して、たんに相互的独立性とか他者性の確認にのみ満足せず、さらにそれを通して人間が相互に転換する必要性を強調している（J. B. Cobb Jr. *Beyond Dialogue*, Fortress Press, 1982, p. 52.『対話を超えて』延原時行訳、行路社、一九八五年、五三ページ）。こうして、「プロセス・センター」は、たんに仏教とキリスト教との間のみならず、他の諸宗教との対話を広範囲にわたって展開しているが、こうした運動はすべてもともとホワイトヘッドの宗教思想に淵源することが、銘記されなければならない、と思われる。

七　では、ホワイトヘッドの宗教思想は、宗教間の対話を試みるにあたって、仏教にたいしてどのような光を照射するであろうか。先にも述べたように、彼によれば、人間を初めとする現実的諸実質と世界との、「創られながら、創っていく」相互関係を通して、自然的世界の、そしてまた、社会的歴史的世界の秩序は形成されていくのであるが、こうした秩序づけには、既に同時に、「最初の主体的指向」にもとづいて神の意志が働いているのである。したがって、世界の秩序の形成は、神と人間を含めた他の現実的諸実質とが相互にパートナーとして働くことによる協同の産物なのである。そしてこうして形成される世界には、諸事物の本性が現れている。ホワイトヘッドが諸事物の本性に伏在する智慧をくみ取るところに、宗教の本質を認めようとするのも、そうした文脈のもとに理解されなければならない、と思われる。「信仰」を強調するキリスト教との区別において、仏教は「智慧」の宗教だといわれている。そこに既に、ホワイトヘッドの宗教思想と仏教との対話の接点が見出されるのである。

仏教的な智慧の内実をなすものが、ダルマと呼ばれる。ダルマは仏教学者によると、非常に多義的な概念であるが、ここでは二つの意味だけをとりあげたい。一つは、それが仏法と訳される場合に認められるものである。言い換えると、ダルマとは、仏教の創始者であるゴータマ・仏陀が人類に教示した真理だ、ということである。もう一つの意味は、それが法と訳される場合に窺い知られるものである。ここで法というのは、諸事物の実相に外ならない。このことは、「諸法実相」という言い回しにおいて、話題になっていることである。したがって、ゴータマ・仏陀がわれわれに教示したのは、外ならぬ諸事物の実相にかんする真理だ、ということになる。

ゴータマによれば、諸事物の実相に関する真理は、縁起の理法という言い回しによって記述される。縁起の理法は、九支縁起、十支縁起、十二支縁起というような仕方で、経典によりさまざまに表記されている。一般的に言えばそれは、「あれあれば、これあり、あれなければ、これなし」という仕方で、諸事物が因となり縁となって、あざなえる縄の如くに生成流転していることわりを喝破した言葉である。縁起の理法によれば、諸事物は相依の関係にある。そしてこうしたことが諸事物の実相であるとすれば、どれ一つをとっても、他の全てのものと因となり縁となって結びついているが故に、他とは無関係に、それ自身で存在しているといわれるものは、何一つないことになる。事物が他とは無関係に、それ自身で存在している仕方を、実体とか自性と呼ぶとすれば、縁起の理法はこうした実体とか自性の否定を言い表している。ホワイトヘッドも知性にもとづいて、事物を実体—属性の関係において捉える立場は、事物の実相を映していない、といっている。

ゴータマ仏陀によれば、諸事物は本来的には、実体の否定において成立しているがゆえに、無自性といわれる。そして実体としてのあり方は、また我とも呼ばれるのであるから、諸事物の実相は、無我という概念でも記述されている。そこでは、実体とか我と呼ばれる、自体的存在は何一つないのだから、こうした事態はまた、空とか無と呼ばれる。したがって、縁起の理法が言い表しているのは本来、無自性＝空において成立する諸事物のことわりである。

ゴータマ仏陀がわれわれ人間に教示した教えの根幹は、諸事物は元来、無自性＝空という仕方で、したがって無我という仕方で成立しているにもかかわらず、こうした真理を知らないで、あたかも我があるかのように考えて、それに執着するということであり、そしてこうした我執にこそ苦しみのよってきたる根本の原因があるということである。我執が無知とか無明という概念で表現されている理由も、そこにある。

したがって、人間が苦しみから解放され、そこから解脱する道は、こうした無知を知り、人間をも含めて、諸事物が元来、無自性＝空において成立していることわりを徹見することである。それが仏教的な智慧に外ならない。仏教はこうした智慧を苦・集・滅・道という四つの真理、つまり四聖諦に集約している。ここで、諦という漢字は、今日では、「あきらめる」と読まれているが、仏教的なその真意は「あきらかにする」こと、つまり諸事物の本性を徹頭徹尾白日の下にさらすことである。

仏教的立場によれば、智慧の体現者としてのゴータマ・仏陀は、われわれ人間の教師であり、先達といわれる。言い換えると、われわれもまた、ゴータマの考えに導かれて、智慧を体得することによって、仏陀になりうるのである。このことは、たんに人間にのみ妥当するのではない。衆生、つまり生きとし生けるものは何であれ、ことごとく仏性をもつといわれる。そして、ゴータマ・仏陀が、衆生の開悟にあたって、先達と考えられているところに、仏教の根本の特色がある、と私には思われる。ゴータマ・仏陀はイエス・キリストのように、「神＝人」ではない。しかし、キリスト教について、ホワイトヘッドなどのように、一般啓示の立場にたつ宗教思想に認められるように、イエスをナザレのイエスとして、神の唯一のではなく、ユニークな啓示だと考えうるとすれば、そこにはじめて、キリスト教と仏教との対話の可能性の場が開かれてくるのではなかろうか。事実、ホワイトヘッド学者のカブは、先にも述べたように、『対話を超えて』において、キリストは阿弥陀如来なり、という根本の命題を設定して、対話を通して、キリスト教も仏教も相互に転換しなければならない、と主張している（*Ibid.*, p. 122）。

人間は智慧を体得することによって仏陀になるのであり、そういう点で、ゴータマは人間を含めたすべての衆生の先達である。ゴータマを先達としながらも、人間が開悟するにあたって、二つの道がある。一つは、東南アジアに流布しているヒナヤナ、つまりいわゆる小乗仏教であり、もう一つは、中国、韓国を経由して日本に伝承されたマハヤナ、つまりいわゆる大乗仏教である。そして、マハヤナ仏教にも、大雑把に言って、禅宗などに見られる、人間が自分の力で智慧を体得し開悟するとする自力聖道門と、阿弥陀の人間を救おうとする本願を信ずる他力易行門との、二つの立場がみとめられる。

仏教において、人が救われる仕方にかんして、自力と他力の区別がなされるとはいえ、それはわれわれがそこに沈湎してもがき苦しんでいる生死の世界からの解放、という意味合いをもつ。仏教において、苦しみ悩みに纏綿された現世から遁れようとする極めて悲観主義的で厭世的な人生観、世界観を垣間みようとする国内外の多くの宗教学者が存在することも、決して理由のないことではない。仏教的な智慧を体得することは、遠塵離垢の法眼を得ると表現されるし、また厭離穢土、欣求浄土ともいわれる。先述の仏教的智慧が諸事物の実相を徹底的に「あきらかにする」ことにあり、諦の字が仏教では真理を意味するのであるが、時代の経過につれてそれが中途で事柄を断念し放棄する「あきらめ」へと事実変質したし、また変質する可能性を常に秘めていることは、否定することができない、と思われる。

ホワイトヘッドは、『宗教とその形成』の中で、キリスト教が悪を善で克服しようとするのに反して、仏教は悪からの離脱解放の試みと捉えている（『宗教とその形成』ホワイトヘッド著作集第七巻、斉藤繁雄訳、松籟社、一九八六年、九一ページ）。また、『観念の冒険』において、キリスト教と仏教とに関説しながら、「この二つは改革のプログラムと放棄のプログラムとの違いである」（『観念の冒険』ホワイトヘッド著作集第十二巻、山本誠作・菱木政晴訳、松籟社、一九八八年、四三ページ）、と述べている。その少し前では、こうも言っている。仏教は「この世に対する絶望と神秘主義的な寂静によって、この世を放棄しようとするプログラムと結びついている」と。

こうした生死から涅槃に至るという遁世主義的性格がとくに顕著なのがヒナヤナ仏教であることは、争われない事実である。それに反して、日本などに流布しているマハヤナ仏教においては、生死即涅槃、涅槃即生死、あるいはまた、煩悩即菩提、菩提即煩悩という言い回しで記述されるような諸特徴が、顕著に認められる。こうした立場はまた、『般若心経』の「色即是空、空即是色」という偈によって表現されている。この偈において、色を有という語によって、そして空を無によって置き換えて表現すると、有即無、無即有となる。そこでは、有無の絶対転換にもとづく、空仮中の三諦円融という、マハヤナ仏教思想の掉尾を飾る立場が表明されている。有無の絶対転換は、絶対無といってもよい。西田幾多郎、田辺元、西谷啓治等によって主張される絶対無の宗教思想は、こうした仏教思想の哲学的表現だ、といっても過言ではないであろう。そして、三諦円融の立場に生きる仏教者の心意気を生気溢れる言葉で表現したのが、無難禅師の「生きながら死に人となりてなりはてて、おもいのままにする業ぞよき」という詩である。そこには、絶対無の自覚において成立する、何ものにも執着しない無碍自在の境地が、はっきりと窺い知られる。

西田はしばしば、神を絶対無と表現している。そして宗教を絶対無の自覚的自己限定の立場に成立すると述べている。では、このことは何を意味するのであろうか。それは人間が自らの経験において絶対無を自覚することであると同時に、絶対無としての神が自らをそこに現してくることであり、こうして人間が神と面々相接することである。人間がこうして神と関わることを、彼は逆限定的とか逆対応的関係として捉える。それはもっと具体的にいえば、人間がそこに置かれた世界によって限定されながら、自らを限定するという仕方で、神と逆対応的に相接することに外ならない。そこには、個物の個物的限定即一般的限定、一般的限定即個物的限定という人口に膾炙した文言によって表現された人間と世界との交互関係がある。西田においても、ホワイトヘッドにおけるのと同じように、神と人間と世界との交互関係に焦点があてられているのである。そこでは､自らを現してくる神も､そしてこうした神を媒介とした人間と世界との関係も「絶対矛盾的自己同一的」として性格づけられている。

われわれはここに、西田とホワイトヘッドとの思想の類似性を見出しながら、同時にまた、両者の根本的な相違点を決して看過することができないのである。なぜなら、ホワイトヘッドによれば、絶対に矛盾するものは、論理的に相容れないものであるがゆえに、自己同一として統一されることができないからである。むしろかれの意図は、矛盾したものをコントラストとして後景に配置し、そしてこれらのコントラストを前景において調和統一へともたらすことである。ホワイトヘッドの神は、「永続的」な存在者といわれて、西田におけるように、絶対無ではない。前者は、世界との関係において、内在しながら超越し、超越しながら内在している「永続的」な神であって、けっして「永遠的」ではないといわれる。神の永続的あり方は、人間がそこに置かれている世界によって限定されながら、自らを限定するという仕方で、その都度、世界の自己形成作用の焦点になる働きを度外視してはありえないのである。神が世界に内在するということは、弁証法的論理を使っていえば、神が自らを否定することであり、逆に神が世界に超越することは、神が自らを肯定することである。このように考察してくると、われわれはホワイトヘッドにおいても、神は否定即肯定的であり、肯定即否定的、言い換えると、有即無、無即有という弁証法的な存在者として捉えることができないわけではない。しかし、ホワイトヘッドは弁証法的論理を忌避しているし、何よりもまず、彼にとって、神は「永続的」な存在者であって絶対無ではないことを、見逃すことはできない。そこにわれわれは、東洋思想と西洋思想との、根本的な相違点をみないわけにはいかない、と思われる。

あとがき

私事にわたって恐縮だが、筆者はほぼ三十年間、京都大学に奉職した後退職して、関西外国語大学で十年間ほど教鞭をとったあと、齢七二歳ですべての公職から引退した。そして浪々の身をかこっているとき、友人の花岡永子さんに誘われて、彼女が主宰しようとしていたホワイトヘッドの『過程と実在』を読むことを目的とした読書会に、顧問として参加することになった。この読書会は、京都駅の近くのキャンパス・プラザ・ホテルのロビーにある学習室で、毎月一回、第一火曜日の午後六時から二時間ほどかけて開催され、ほとんど五年間継続した。出席者は京都近傍の諸大学の教官もあれば、大学院の院生もあり、そしてまた、社会人もあって多士済々のメンバーから成っていた。そして、毎回十人ほどの人数で、質疑応答など活発な討論のうちに進められた。この読書会はほぼ五年間にわたって、一回も休むことなくコンスタントに継続された結果、ホワイトヘッドのあの難解な書物を英文で読み終えることができたことは、主宰者の花岡さんの努力と熱意もさることながら、今は驚きと感謝をもって、懐かしく回想している次第である。

そんなある日、晃洋書房から「哲学書概説シリーズ全12巻」という企画の一環として、ホワイトヘッドの『過程と実在』の担当者として、思いがけず筆者に依頼がまいこんだ。傘寿を越えた老齢の筆者に、はたしてこうした期待に応えられるかどうか一抹の懸念があり、始めはお断りしようかと迷った。が、ふと過去五年間の読書会で教え教えられたことが脳裏に浮かび、老骨に鞭うってあえてこの依頼をうける勇気がわいてきたのである。

この拙著において展開されたホワイトヘッドの当該書物についての筆者の諸見解の多くは、花岡さん始め読書会に熱心に参加していただいた方々との討論の末、到達されたものであり、心からお礼申しあげたい。しかし、最終的な責任はすべて私にあることは、言うまでもないことである。拙著は『過程と実在』の概説を趣旨とするものであるので、ホワイトヘッドの他の諸著作、殊にそれ以後執筆された諸著作、との関係への言及は、こうした関係が欧米のホワイトヘッド研究者の間で、思想の異同、変化、進化があるのではないかという問題にかんして、活発な論争があることにかんがみて、必要不可欠なことであるが、ここでは必要最小限にとどめられたことを、お断りしておきたい。また私の非力のゆえに、『過程と実在』に展開された、数学者でもあり物理学者でもあったホワイトヘッドの該博な科学的諸知識について、十分に解説できなかったことは、遺憾の極みである。そうした点については、後進の研究に委ねたい、と思う。

なお、ここに掲げた諸章節のうちで、序章は「近代主義の克服の試み」と題して、関西外国語大学研究論集に掲載された拙論（№55、一九九二年）に加筆訂正したものであり、そして第一章は、拙訳『過程と実在(下)』に「あとがき」として掲載されたものに加筆訂正したものであることを、お断りしておきたい。

最後に、晃洋書房代表取締役の上田芳樹氏と編集部の井上芳郎氏には、終始励ましと援助をいただいたことを、ここに記して感謝を申しあげたいと思う。

平成二三年一月

山本誠作

木田　元・池田善昭・三島憲一　編集委員

《哲学書概説シリーズ》全12巻　概要

Ⅰ　デカルト『方法序説』……………………　山田弘明
Ⅱ　スピノザ『エチカ』………………………　河井徳治
Ⅲ　ライプニッツ『モナドロジー』…………　池田善昭
Ⅳ　カント『純粋理性批判』…………………　有福孝岳
Ⅴ　ヘーゲル『大論理学』……………………　海老澤善一
Ⅵ　キェルケゴール『死に至る病』…………　山下秀智
Ⅶ　ニーチェ『ツァラツストラかく語りき』…　三島憲一
Ⅷ　フッサール『ヨーロッパ諸学の危機』‥　榊原哲也
Ⅸ　ホワイトヘッド『過程と実在』…………　山本誠作
Ⅹ　西田幾多郎『善の研究』…………………　氣多雅子
Ⅺ　ハイデガー『存在と時間』………………　後藤嘉也
Ⅻ　メルロ=ポンティ『知覚の現象学』……　加國尚志

《著者紹介》
山 本 誠 作（やまもと せいさく）
1929年 浜松市に生まれる
1953年 京都大学文学部卒業
1959年 京都大学大学院文学研究科（宗教学専攻）博士課程退学
1961年 米国エモリー大学大学院哲学科卒業（PH.D取得）
1976年 文学博士（京都大学）
京都大学名誉教授

主要業績
『マルティン・ブーバーの研究』（理想社，1969年）
『ホワイトヘッドの宗教哲学』（行路社，1977年）
『西洋社会思想史』（松籟社，1983年）
『ホワイトヘッドと西田哲学』（行路社，1985年）
『無とプロセス』（行路社，1987年）
『ホワイトヘッドと現代——有機体的世界観の構想』（法蔵館，1991年）

哲学書概説シリーズ Ⅸ
ホワイトヘッド『過程と実在』
——生命の躍動的前進を描く「有機体の哲学」——

2011年3月20日 初版第1刷発行
2021年11月15日 初版第2刷発行
＊定価はカバーに表示してあります

著 者 山 本 誠 作©
発行者 萩 原 淳 平
印刷者 藤 森 英 夫

発行所 株式会社 晃 洋 書 房
〒615-0026 京都市右京区西院北矢掛町7番地
電 話 075(312)0788番(代)
振替口座 01040-6-32280

ISBN978-4-7710-2235-5 印刷・製本 亜細亜印刷㈱